# Aimer, perdre, grandir

Jean Monbourquette

# Aimer, perdre, grandir

## Assumer les difficultés et les deuils de la vie

BAYARD ÉDITIONS / CENTURION

2$^{e}$ édition

ISBN 2.227.436.08.5

3, rue Bayard, 75008 Paris

# Avant-propos

Les pages que j'offre à votre méditation trouvent leur substance dans mon expérience personnelle et mes lectures, mais aussi dans des récits d'amis et de clients qui furent confrontés à des pertes tragiques. Je les remercie de leur confiance.

J'ai été le témoin privilégié de leurs secrets, de leur courage, de leur envie de guérir et de grandir. Ils m'ont beaucoup appris sur le mystère de la souffrance humaine et la force de la vie.

Il faut aborder ce livre avec le cœur, comme il fut rédigé. Certains le liront d'un trait, d'autres le méditeront, ou s'attarderont sur les passages qui les concernent le plus. Je souhaite que ces mots apportent le réconfort. Ils sont là pour soutenir l'espoir de guérir et de grandir, pour que ceux qui traversent de tels moments puissent se retrouver et devenir plus proches des autres.

Cet ouvrage a été écrit pour vous accompagner. Il se peut que certaines pages vous émeuvent ou vous troublent. Il vous revient d'en remettre la lecture à plus tard si vous en ressentez le besoin.

*Première partie*

# Je ne veux pas perdre mon amour

## Perdre

*Je retenais*
*Poings fermés*
*Mon amour.*

*Comme une poussière d'or,*
*D'entre mes doigts,*
*Il s'est échappé.*

## Les fruits de la perte

Comme tout être vivant, tu ne peux pas échapper à la souffrance causée par les pertes que te réserve l'existence : pertes prévisibles ou inattendues ; pertes que tu t'imposes pour évoluer ou qui, au contraire, te sont imposées, contre ta volonté.

Cependant, chacune d'elles peut se transformer en gain grâce à ton attitude intérieure. La perte n'est pas stérile, parce qu'elle porte en elle le germe d'une vie nouvelle. D'ailleurs, tu peux constater autour de toi que la raison d'être de la mort, c'est de faire de la place à la vie.

*Le bouton éclate pour donner la fleur.*
*La fleur s'étiole pour donner la semence.*
*La semence en terre pourrit pour la germination.*
*Perpétuel mouvement de mort et de vie,*
*D'obscurité et de lumière.*

Ce mouvement est plus ou moins intense selon les pertes. C'est pourquoi je voudrais, avec toi, recenser celles qu'il est possible d'affronter tout au long d'une vie. À mesure que nous avancerons dans cet inventaire, n'oublie jamais que chacune de ces pertes peut devenir une source de croissance.

*Que perds-tu ?*

Ton existence, comme celle de tout le monde, est une succession d'événements heureux, satisfaisants, désagréables, et parfois douloureux. Il est nécessaire de les connaître, d'en tenir compte, pour mieux en assumer les conséquences. Il est donc utile de discerner parmi ceux-ci les pertes qui t'atteignent le plus.

Il s'agit d'abord des menus tracas de tous les jours, ces contrariétés qui éprouvent ta patience. Ces difficultés au quotidien, si minimes et ponctuelles soient-elles, ne sont pas anodines. Elles constituent autant de pertes matérielles ou psychologiques, qui font appel à des états et des sentiments différents :

- un achat manqué ;
- une mauvaise note obtenue par ton enfant ;
- une querelle avec un collègue de bureau ;
- une carie douloureuse ;
- le dépérissement de ta plante préférée, dévorée par des insectes ;
- un rendez-vous raté ; etc.

Ensuite, des faits inattendus, parfois brutaux, peuvent t'affecter au point de bouleverser durablement ta vie courante. Ces situations impliquent une perte et un choc dont il te faut mesurer l'importance, voire la violence :

- un vol ;
- un projet avorté ;
- un licenciement brutal ;
- la découverte d'une maladie grave ;
- la fin d'un travail ;
- le départ d'un enfant ;
- un déménagement imprévu ;
- la perte de ta réputation ;
- une promotion qui t'oblige à quitter ton emploi ; etc.

Inévitables, mais non moins douloureuses, sont les

pertes à l'âge. Elles font partie de l'existence, et requièrent une certaine vigilance. Si tu les admets, donc si tu es suffisamment préparé, le temps inexorable peut alors se révéler un allié de choix.

À mesure que l'on avance en âge, on doit renoncer à toutes sortes de richesses :
– les illusions de l'enfance ;
– les rêves de l'adolescence ;
– les « copains » de jeunesse ;
– l'amour « fou » ;
– une amitié passionnée ;
– la fraîcheur de la jeunesse ;
– l'acuité de la vue, de l'ouïe ;
– l'énergie sexuelle ;
– la fécondité ;
– la mobilité, parfois l'autonomie...

Enfin, à tous les âges de la vie, les grandes blessures affectives sont capables de surgir :
– la fin d'une relation intime ;
– la cassure d'une longue amitié ;
– le divorce imprévu ;
– le décès d'un être cher ; etc.

La peine que tu éprouves dans ces moments est immense. Elle t'atteint dans les fondements mêmes de ton existence et de ton identité. Parmi ces pertes, deux sont particulièrement cruelles et t'obligent à mobiliser ton être tout entier : la mort et le divorce.

## Tantôt c'est la mort qui sépare, tantôt c'est la vie

La mort récente d'un être aimé et le divorce, ou la séparation, sont deux pertes qui provoquent une déchirure profonde, mais de nature différente.

La mort crée une situation radicale, irréversible, sans alternative : c'est fini, la personne ne sera plus jamais là, du moins physiquement.

En revanche, se séparer d'un être qui est toujours vivant n'a pas ce caractère définitif, et peut se révéler beaucoup plus pénible. Il arrive que le hasard et parfois la nécessité amènent à revoir la personne quittée, et ces rencontres réveillent la blessure qui commençait à se cicatriser.

À la suite d'un décès, tout est prétexte à évoquer l'être aimé : ses objets, l'entourage proche, les lieux rappellent son absence cruelle. Pendant un certain temps, la personne endeuillée doit subir ces irruptions du souvenir, d'autant plus douloureuses qu'elle ne les maîtrise pas.

Lors d'un divorce, les conjoints sont obligés de se rencontrer pour fixer les termes de leur séparation : répartir les biens communs, parler du bien-être et de l'éducation de leurs enfants, déterminer la question de la pension alimentaire, définir de nouveaux liens avec leurs amis communs et leurs beaux-parents, etc. Ces démarches et ces échanges sont différemment vécus. C'est ainsi qu'un jeune homme divorcé, à qui ces discussions avec son ex-épouse semblaient interminables, me disait avoir eu l'impression de « *couper les liens de son mariage avec un petit couteau ébréché et rouillé* ». Dans cette confrontation, la peine et la colère sont souvent les plus fortes, poussant les ex-conjoints dans une spirale d'incompréhensions et de malentendus. Alors s'instaure un lien malsain et pénible, et parfois chacun rejette sur l'autre la responsabilité de l'échec du mariage.

À la mort d'un conjoint, les qualités du défunt et les bons moments passés avec lui sont plutôt idéalisés. D'ailleurs, les personnes veuves qui ne reconnaissent aucun échec dans leur relation n'aiment pas être comparées aux « divorcés ».

Après une séparation, la tendance est en général inverse : les moments pénibles de la vie commune resurgissent et les défauts de l'« ex » sont exagérés. La nature et l'intensité de ces réactions varient bien entendu, et dépendent en particulier du rôle de chacun à l'intérieur de cette rupture.

## Quitter ou être quitté ?

Il est peu fréquent que deux êtres décident de rompre d'un commun accord et dans une parfaite harmonie. Lors d'un divorce ou d'une séparation, il y a souvent celui qui quitte et celui qui est quitté. Ce sont évidemment deux expériences bien différentes.

### *Si l'on quitte*

Si l'initiative de la séparation te revient, tu te sens peut-être coupable de ton geste. Pourtant, et même si tu ressens de la peine ou de la douleur, tu occupes aussi une position avantageuse : tu as eu le temps de mûrir ta décision, et le choix de vous séparer vient de toi. L'autre, au contraire, se trouve réduit à l'impuissance. D'une certaine façon, il est à ta merci. Quelle que soit la légitimité de ta résolution, il faut tenir compte de ce fait. C'est pourquoi il importe de ménager ton conjoint, de lui proposer des étapes pour qu'il s'habitue progressivement à votre nouvelle situation. Tout au long de ce parcours, traite-le avec dignité et respect, avec élégance : c'est-à-dire avec humanité.

Pour cela, il faut respecter quelques règles.

1. La première est d'éviter un départ soudain que la personne pourrait interpréter comme une sanction, voire

comme une vengeance. Cette mesure est d'autant plus valable si la vie commune est intenable : alcoolisme, infidélités, gestes violents. En la prévenant longtemps à l'avance de ton intention de partir si rien ne change, tu lui offres une sorte de deuxième chance.

2. Pendant ce délai, il est préférable d'éviter de t'engager dans une nouvelle relation afin de conserver toute ta clarté de jugement.

3. Si, le délai étant passé, tu juges, avec l'aide d'un conseiller, que la situation est toujours intenable et qu'aucun signe ne laisse présager la moindre amélioration, tu peux alors annoncer officiellement ton départ en précisant tes raisons.

4. Quelle que soit la déception que l'on éprouve vis-à-vis de la personne quittée, il ne sert à rien de l'accabler avant de partir (Qui veut noyer son chien l'accuse de la rage).

5. Au contraire, et si la situation s'y prête, tu lui suggéreras de se tourner vers des personnes-ressources qui pourront l'aider à surmonter le choc de la séparation.

### *Et la personne quittée ?*

La personne quittée, surtout si elle n'a pas pu prévoir ou empêcher la séparation, est très souvent la plus touchée ; son estime de soi est durement atteinte.

Si tu es cette personne, il est très important, quand tout semble bien fini, que tu deviennes l'acteur de ta séparation.

Bien sûr, il te faut d'abord affronter le choc. Dans un premier temps, tu refuseras peut-être l'évidence, croyant que tout n'est pas fini. Mais, quand la réalité s'imposera, tu devras prendre une part active dans la rupture de la relation.

Selon ton tempérament et ton histoire personnelle, plusieurs attitudes s'offrent alors à toi : décider aussi de quitter ; cesser de t'accrocher ; faire les démarches appropriées (avocat, logement, etc.) ; renoncer à jouer au « martyr » si tu as conscience de le faire ; accepter la séparation, même si tu ne l'as pas voulue.

Ce chemin sera difficile, tu souffriras sans doute beaucoup. Mais rappelle-toi que, si au lieu de subir la situation, d'en être victime, tu en deviens partie prenante, tu commenceras plus tôt ton deuil. Tu guériras plus rapidement.

En tout état de cause, comparer ta souffrance à celle de l'autre ne te sera pas d'un grand secours. Cela risque de t'égarer, de te rendre injuste sans que tu en tires un quelconque bénéfice. Et puis, comment peut-on mesurer la peine d'autrui ? Tu ne sais pas vraiment ce que ton conjoint a ressenti ou ce qu'il risque d'endurer. Et si, avant de te quitter, il s'était senti délaissé à plusieurs reprises ? En ce cas, on pourrait se demander qui a quitté l'autre... Pourtant cette interrogation en forme d'échappatoire en cache d'autres.

## Cesse de tourmenter ton cœur

La souffrance que tu éprouves fera surgir en toi de nombreuses questions : Pourquoi moi ? Pourquoi à ce moment de ma vie ? Qu'ai-je fait pour que ça m'arrive ? Pourquoi Dieu m'envoie-t-il cette épreuve ? etc.

« Sois patient envers ce qui n'a pas encore de réponse dans ton cœur », dit le poète.

Alors, si tu viens de vivre une perte de cette importance, cesse de harceler ton cœur et ton esprit. Ils ne peuvent ou ne veulent pas te répondre. Il est trop tôt. Ils savent que certaines réponses te seraient inutiles et d'autres, insupportables.

Pour l'instant, accueille les questions sans t'acharner à y répondre. Laisse-les progresser en toi. Attends…

Un jour, tu te surprendras en train de vivre les réponses.

*Deuxième partie*

# J'attends

## Attendre

*J'attends…*
*J'attends un dénouement*
*que je désire et que je crains.*
*Cent fois dans ma tête*
*J'ai calculé mes chances de te retenir.*
*Cent fois, j'ai cru te perdre.*
*Je vais à la dérive*
*Ballotté par mes sentiments.*
*Espoir et rancœur*
*Se disputent en moi.*
*Où est mon guide intérieur ?*

## Attendre

Les périodes de longue attente, quelle que soit leur cause, équivalent à des pertes : la vie s'arrête, les projets sont suspendus et l'anxiété s'installe. On dépense une énergie folle en suppositions et en calculs de toutes sortes. Des peurs hantent notre esprit, annihilent en nous toute joie de vivre, nous paralysent. Les questions se bousculent.

La tumeur est-elle maligne ? Je cours des risques, mais lesquels ? Comment lutter, aurai-je la force d'aller jusqu'au bout ?

Vais-je retrouver la santé ? Comment vais-je faire pour me soigner et vaincre la maladie, pour redevenir comme les autres ?

Reviendra-t-elle après notre dispute ? C'est si long, je regrette, et en même temps…

Quand mon mari cessera-t-il d'être infidèle ? Quand cesserai-je d'être une femme bafouée, et quand sera-t-il comme avant ?

Veut-elle le divorce ? Veut-il me quitter ? Rien n'est perdu, il faut le temps de se retrouver. Mais y aura-t-il une prochaine crise ? Quand arrivera-t-elle ?

Vais-je réussir mon examen ? Il me reste une semaine pour tout réviser, vivement que tout soit fini ! Quel sera le sujet du concours ?

Aurai-je ma promotion ? Elle représente tant pour moi. Quand se décideront-ils à me la donner ? Je me sens prêt à en assumer les responsabilités. Mais le sentent-ils ?

Mes finances sont-elles en sécurité ? Les ai-je bien placées ? Combien peuvent-elles me rapporter ? La Bourse est-elle fiable ?

Etc.

Ne pas savoir peut devenir une véritable torture. À tel point que certains n'y résistent pas et préfèrent apporter à cet état pénible d'anxiété un dénouement malheureux mais certain.

Ces attentes concentrent des interrogations encore sans réponse, qui engendrent des états difficiles à maîtriser, ou que l'on ne soupçonnait pas, comme la jalousie, l'impatience, le remords…

Cette avalanche de questions constitue une véritable découverte. Une telle exploration exige la maîtrise de soi et le contrôle de la situation, autant de ressources qui ne peuvent venir que de soi-même.

Mais comment vas-tu acquérir ces ressources ? Combien de temps peux-tu attendre ? Surtout, à quel moment cesseras-tu d'attendre ?

## Jusqu'à quand vais-je attendre ?

Si la fin de ton amour est évidente, tout est clair. Tu peux dès maintenant dire adieu à ta relation et commencer à en faire le deuil. Tu possèdes là un avantage certain. Tu as l'opportunité d'agir et d'entamer le travail du deuil.

Mais, si tout demeure en suspens parce que la décision ne dépend pas de toi (par exemple : tu attends qu'il te parle de mariage ; tu te demandes si elle va revenir ou t'annoncer qu'elle divorce), il est indispensable que tu sortes de ta passivité et que tu prennes la situation en main.

Pour cela, il faut que tu te crées des repères. Fixe-toi une échéance précise (deux semaines, trois mois, un an...) qui te permettra d'espérer encore une issue positive à cette attente. Surtout, tu sauras à quoi t'en tenir. Avertis ton entourage (la personne concernée, tes amis...) du caractère officiel, voire symbolique, de cette date.

Pendant cette période, continue à vivre pour toi, et à bien vivre. Tu as le droit de te gâter, de te faire plaisir. Te laisser mener par les événements, être la proie de l'angoisse ne peuvent qu'engendrer des états dépressifs. Occupe-toi, distrais-toi, prépare-toi à toute éventualité : consulte des spécialistes, prends des avis légaux, connais tes droits, informe-toi.

Lorsque l'échéance arrivera, si la situation n'a pas évolué, si rien n'a bougé, tu devras passer à l'action et annoncer ta propre décision. Malgré la tristesse et le choc émotionnel que provoque la perte, tu resteras maître de ta vie. Tu auras choisi !

Rappelle-toi : plut tôt débutera ton deuil, plus vite tu guériras.

## Entre la présence et l'absence

*Quand j'étais seul avec moi-même,*
*Je me plaisais en ma compagnie,*
*Je croyais me suffire.*

*Quand tu es venue me rejoindre,*
*J'ai su que je t'aimais,*
*Que tu m'étais indispensable.*

*Et puis un jour, quand, près de moi,*
*Tu as commencé d'être absente,*
*J'en fus tout bouleversé.*

*Je ne peux plus tolérer une demi-présence*
*Qui me rappelle trop ce que je perds.*

Chaque être humain ressent tôt ou tard le besoin de partager sa vie avec un autre. Ce choix naturel permet de trouver un certain équilibre, de concrétiser à deux ce que l'on avait envisagé seul (avoir des enfants, construire une maison, partir en voyage...).

Mais il peut arriver que tout ce château patiemment érigé s'écroule. Parfois, il a commencé de tomber en miettes, jour après jour, sans que l'on s'en aperçoive. Les assises de l'existence vacillent. On se trouve désemparé, livré à soi-même. Le sommeil n'est plus le même, les promenades non plus. Ce que l'on faisait à deux, on doit réapprendre à le faire sans partenaire, du moins pour l'instant. Pendant cette période qui suit la certitude de la perte, tout peut s'embrouiller. Les pensées, les humeurs, les excès nous assaillent.

## Les ambivalences de la situation d'endeuillé

On n'entre pas facilement dans une situation de deuil. C'est pourquoi tu éprouves des sentiments ambivalents, mélanges d'assurances et de craintes. Ils te renvoient systématiquement à la fois à ta peur de souffrir et à ta volonté de guérir. Tâche de les examiner avec lucidité :

« *Je veux être délivré de mon angoisse et de ma peine, mais j'ai peur d'accepter de les vivre à fond, d'affronter ma solitude nouvelle.* » Aller au bout de toi te semble si douloureux, même si tu pressens la délivrance.

« *Je voudrais pouvoir penser aux autres, mais je suis renvoyé à moi-même.* » Lorsque tu vois des amis, tu finis par leur parler de ton histoire, tout en craignant de les ennuyer.

« *Je sais que je n'oublierai jamais l'être aimé, pourtant je dois me résigner à ne pas toujours penser à lui.* » Tu navigues entre le souvenir et le regret.

« *Je veux conserver mon autonomie, mais en ce moment je dois accepter d'être dépendant et de me laisser aider.* » D'un côté, par orgueil, tu refuses de te montrer dans un état peu habituel ou peu valorisant. De l'autre, tu recherches le réconfort et l'affection. Il te faut conquérir ton autonomie en acceptant ta dépendance.

« *Je voudrais vivre le moment présent, mais la perte m'attire sans cesse vers le passé.* » La nostalgie semble plus forte que le présent, et surtout que l'avenir. Ce que tu es en train de vivre est bien le fruit du passé mais produit l'avenir.

« *J'ai besoin des autres dans ma tristesse, mais je crains d'être envahis par leur pitié.* » Toujours l'orgueil qui t'interdit de te montrer tel que tu es.

« *J'ai l'espoir de guérir et de grandir, mais actuellement la "petite mort" de mon deuil me fait frémir.* » Tu ressens un vide comparable à celui que provoque le décès d'un être cher.

« *Je veux bien croire qu'un jour mon bien-aimé sera auprès de moi d'une manière différente, disons plus mystérieuse, mais en ce moment j'ai peur de le laisser partir.* » Tu ne sais pas comment il sera présent, sous quelle forme, avec quel visage. Pour l'instant tu ne retiens que les traits d'un être aimé encore très proche. Or, si tu désires qu'il vive en toi dans cette nouvelle apparence, es-tu prêt à accepter de le laisser partir ?...

## Te laisser partir

*Au milieu de mon désarroi,*
*Il me vient parfois un grand élan de liberté ;*
*Simplement, te laisser partir.*

*Ne plus attendre la lettre qui n'arrive pas,*
*Le coup de téléphone qui ne sonne pas,*
*Le mot de repentir qui ne vient pas.*
*Combien d'avantages aurais-je à te laisser partir !*
*Plus de temps pour moi, pour mes amis,*
*Moins de veilles, moins d'insomnies,*
*Plus de projets,*
*Plus de joie de vivre.*

*Comme c'est simple, de te laisser partir...*
*Pourtant, à cette seule pensée,*
*J'ai le souffle coupé !*

Une telle démarche demande une grande lucidité. Les vieux adages affirment que l'amour est aveugle. Ils ont toujours raison, parce que j'ai pu lire, naguère encore, ces formules plutôt lapidaires, écrites sur un « poster » :

*Si tu l'aimes, laisse-lui sa liberté :*
*S'il te revient, c'est qu'il ne t'a jamais oublié.*
*S'il ne te revient pas, oublie-le.*

Tout cela semble bien froid et abstrait en regard de ce qu'éprouve un être confronté au choix difficile de laisser partir son amour. Ce que laissent entendre ces trois phrases, n'est pas aussi simple, sommaire même. À la lumière du chemin que nous avons parcouru ensemble depuis le début de ce livre, je reprendrai ces lignes avec plus de discernement :

*Si tu l'aimes, ne le laisse pas partir*
*Sans lui dire ta tristesse,*
*Sans lui faire voir les conséquences de son départ.*
*S'il te revient, donne-lui une période de probation.*
*Assure-toi que, durant son absence, il a évolué.*
*S'il ne revient pas, ne l'attends pas indéfiniment,*
*Fais le deuil de tes rêves.*
*Reconnais ce que tu as appris dans cette relation.*
*Profite de cette expérience pour grandir.*
*La vie te réserve encore des surprises épanouissantes.*

*Cent fois, j'ai voulu stopper mon imagination.*
*Je m'épuise à lutter contre la « folle du logis ».*
*Plusieurs fois par jour, je la surprends à rêver*
*que mon amour va revenir,*
*qu'il a besoin de moi,*
*qu'il s'ennuie de moi,*
*Puis le rêve s'évanouit, et c'est l'absence.*
*J'ai décidé de ne plus me battre avec mon imagination.*
*Je vais lui laisser des périodes de récréation.*
*Elle pourra fabuler à sa guise.*
*Puis, quand au rêve succédera la tristesse,*
*Je l'accueillerai avec délicatesse.*

## Rituel pour terminer l'attente des personnes disparues

Il reste une situation particulière : des gens disparaissent sans laisser d'adresse… enlèvements politiques ou crapuleux, coup d'État ou trafics liés à la prostitution. Pour celui qui reste, l'attente ronge, l'incertitude est constante, l'imagination va bon train. Le moindre fait porte aux suppositions, aux spéculations les plus folles.

Alors, comment faire le deuil d'un proche dont on ne sait pas s'il est mort ou vivant ?

J'ai dû répondre plusieurs fois à cette question dans le cadre de mon atelier sur le deuil au Chili, pays marqué par les disparitions brutales.

Le cas d'une mère canadienne m'a permis d'apporter des éléments de réponse à ce douloureux problème. Voici son histoire.

Un jour, le téléphone sonna. Elle décrocha et entendit sa fille qui s'invitait à dîner le soir même. Très heureuse, elle prépara le repas et attendit, mais en vain… Son invitée n'arriva jamais… Elle avait entendu sa voix pour la dernière fois. Bien sûr, elle alerta la police. Leurs recherches n'aboutirent à rien. Après un an d'investigations, un inspecteur émit l'hypothèse que sa fille avait été enlevée, puis probablement jetée dans le fleuve Saint-Laurent.

Trois ans passèrent, trois années d'attente, d'angoisse, de faux espoirs… Puis cette mère décida de mettre un terme à son tourment au moyen d'un rituel. Elle choisit la plus belle des poupées de sa fille, l'entoura d'une gerbe de roses et s'embarqua sur un bateau de pêche. Quand celui-ci fut parvenu au milieu du fleuve, elle confia aux flots la poupée et les fleurs.

Le jour même, elle prit sa plus belle plume et envoya à ses parents et à ses amis une carte dans laquelle elle annonçait la mort de sa fille et le début de son deuil.

Elle m'a raconté son histoire pour que son témoignage profite à ceux qui sont confrontés à de telles situations de doutes et de déchirements. Rien n'expliquait le départ de sa fille. Ce que cette mère a vécu est d'autant plus dur qu'elle n'a pas pu lui faire ses adieux ni connaître les raisons de ce départ pour mieux l'accepter.

## Les pertes imminentes et les deuils anticipés

Il existe deux autres situations particulières auxquelles nous refusons parfois de penser. Elles sont pourtant dans l'ordre des choses. Leur caractère crucial fait appel à toute la qualité des rapports humains.

Lorsque tu sais que tu dois bientôt quitter ton ami, parce que son mal est incurable, tu peux largement contribuer à la résolution de ton deuil en lui faisant tes adieux dès maintenant. Avant qu'il s'en aille, dis-lui ce que tu ressens. Il ne s'agit pas de se cacher l'évidence, mais de continuer à progresser dans votre relation, jusqu'à l'inéluctable. En te préparant ainsi, tu l'aides à se préparer.

En revanche, si c'est toi qui dois partir, prends le temps d'échanger tes impressions avec ceux qui resteront. Tu n'es pas qu'un simple corps appelé à disparaître. Tu restes vivant jusqu'au bout, avec tes élans, tes humeurs, tes coups de cœur ou tes colères.

Partage tes émotions, tes inquiétudes, tes projets ; exprime ton désir de maintenir des liens pour l'avenir.

S'il y a lieu, réconcilie-toi avec ceux qui t'ont blessé ou qui t'en veulent : accorde et demande le pardon.

Il peut arriver que la personne à laquelle tu t'adresses ne soit pas prête à entendre ce que tu as à lui dire : par peur, ou parce que tout cela préfigure la fin. Dans ce cas, ne la brusque pas. Cherche plutôt à privilégier vos moments d'intimité : la qualité de ta présence et ta disponibilité lui permettront de comprendre ce que tu ressens sans que tu aies à prononcer un seul mot. Cet échange intérieur, ce véritable partage, cette communion, vous soulagera et apportera le sentiment d'une grande libération.

Même si tu t'es préparé à la séparation, tu en subiras quand même le choc. On ne peut pas plus y échapper qu'on ne peut éviter la souffrance qui en découle. Et heureusement, car cette souffrance est le signe de notre humanité.

C'est pourquoi on ne peut prétendre s'habituer aux séparations, mais seulement apprendre à mieux les vivre. En cela tu seras aidé par la nouvelle intimité que tu seras parvenu à créer avec l'autre personne. Elle favorisera une résolution plus rapide et plus profonde de ton deuil.

## Dernières paroles

Je connais quelqu'un qui sut préparer ses amis à son départ. Par les mots qu'il prononça, il les invita à le laisser partir afin qu'il puisse vivre en eux de manière différente :

*Maintenant, je vais à Celui qui m'a envoyé.*
*Il vaut mieux pour vous que je parte,*
*Car si je ne pars pas*
*L'Esprit ne viendra pas à vous.*
*Mais si je pars, je vous l'enverrai.*
*Sous peu vous ne me verrez plus,*
*Et puis un peu encore et vous me reverrez.*
*En vérité, en vérité, je vous le dis,*
*Vous allez pleurer et vous lamenter*
*Mais votre tristesse se changera en joie.*
*Je vous reverrai et votre cœur se réjouira*
*Et votre joie, nul ne pourra la ravir.*

(Saint Jean)

*Troisième partie*

# Combien de temps dois-je souffrir ?

Parfois, au contact du monde « extérieur », le travail du deuil devient plus difficile. Les moments de joie d'hier se transforment en réticences, en peines ou en peurs. Le temps est long, très long.

*Je redoute les jours de fête.*
*La fête des mères, la fête des pères ;*
*Les anniversaires qui célèbrent*
*Une naissance ou un mariage.*
*La date de son départ ou de son décès*
*Sans oublier Noël et le jour de l'an,*
*Et toutes les autres fêtes.*
*Je crains qu'elles ne m'amènent*
*À réveiller la peine endormie,*
*Qu'accentuent encore les souvenirs de bonheur.*
*Alors, je m'éloigne des gens heureux,*
*Surtout de ceux qui veulent me divertir.*
*J'ai le vague à l'âme, je me sens triste*
*Je veux me cacher.*

Soudain, le malheur est trop fort, et nous oblige à fuir... Pourtant, surgit en nous le besoin de guérir, de nous retrouver : tout simplement de vivre. Bien entendu, il ne s'agit pas de reproduire ce que l'on vivait avant la rupture et la perte, mais plutôt de conquérir chaque parcelle de la nouvelle existence qui nous est offerte. Or, établir ces repères exige du temps, comme en a exigé la construction de ce que l'on vient de quitter. Et ce temps n'est pas fait d'un seul tenant, mais de paliers, d'étapes…

## Les étapes de la guérison d'un deuil

La notion de deuil est très ancienne puisque ce mot vient du bas latin, *dolus*, de *dolere*, qui signifie souffrir. Au XXe siècle, les spécialistes de l'âme humaine n'ont porté intérêt à cette expression de la douleur et analysé ses étapes que récemment. D'anciennes civilisations avaient déjà inventé des rituels permettant d'affronter une perte dans les meilleurs conditions. Mais les sociétés modernes, comme la nôtre, doivent redécouvrir comment vivre un deuil, et en guérir.

Maintenant, il existe de multiples démarches dans ce sens. Pour ma part, mon expérience clinique et mes recherches m'ont amené à établir un cheminement en huit étapes :
- le choc,
- la négation,
- l'expression des sentiments,
- la réalisation des tâches rattachées au deuil,
- la découverte d'un sens à la perte,
- l'échange des pardons,
- l'héritage,
- la célébration de la fin du deuil et la naissance d'une nouvelle vie.

Si ces étapes suivent une certaine logique, elles peuvent aussi se superposer en fonction des situations et des individus. Il peut aussi arriver qu'on revienne à l'une d'elles alors qu'on était certain de l'avoir franchie avec succès.

Ces phases ne forment donc pas les ingrédients d'une recette miracle, mais se présentent comme des points de repère permettant de suivre l'évolution d'un deuil. La manière de les aborder, la valeur qui leur sera accordée dépendront de la nature et de la gravité de ce deuil.

## La gravité d'un deuil

Quelle que soit l'acuité d'une épreuve, ces étapes restent les mêmes. Seules l'intensité et la durée des émotions ressenties varient selon l'importance de ce qu'on vient de laisser.

Tout d'abord, il n'est pas nécessaire d'avoir perdu des êtres chers ou des biens précieux pour comprendre que l'on vit une situation de perte et pour entrer dans le deuil. Chaque jour, il nous arrive de subir des échecs plus ou moins importants.

Prenons l'exemple précis d'un rendez-vous raté : tu arrives en retard à la gare pour rencontrer un ami avant son départ ; le train démarre et tu n'as pas pu lui faire tes adieux. Voici une série de réactions naturelles :

**Choc et négation :** « Non ! Je ne peux croire que j'ai manqué cet ami. »
**Culpabilité :** « J'aurais dû quitter mon travail plus tôt. »
**Colère :** « Si au moins les agents de circulation faisaient leur travail ! »
**Tristesse :** « J'aurais tellement voulu lui parler. »
**Sens de la perte :** « Ça m'apprendra à partir à temps. »
**Pardon :** « Il me pardonnera sûrement. »
**Paix :** « Je lui téléphonerai pour m'excuser. »

Nous remarquons que les huit étapes figurent effectivement dans cet événement assez banal.

Qu'en est-il dans le cas de pertes plus importantes ? Comment peut-on discerner l'intensité de la douleur ? Pour tenter de le savoir, il faut évaluer le degré de son investissement par rapport à la personne, à l'activité, à l'idéal, à l'animal, au bien ou à l'objet qui est à la source de cette souffrance. Quel amour, quelle énergie, quelle partie de soi-même a-t-on investie dans cette réalité ? Quel prix lui a-t-on accordé ?

Bien entendu, il est dommage de prendre conscience de la valeur de son amour après l'avoir perdu. Comme cet homme qui, après le départ de sa femme, m'avouait en pleurant : « *Jamais, je n'aurais cru l'avoir aimée autant qu'après mon divorce.* »

Le sentiment d'avoir laissé échapper son bien le plus précieux renforce la peine de cet homme et provoque ses regrets. S'il pouvait revenir en arrière, il éviterait certainement de faire les mêmes erreurs et serait plus attentif à l'évolution de son couple.

Faire son deuil d'une réalité, n'est-ce pas faire celui de rêves dont on avait enveloppé l'être précieux ? Des rêves qui surgissent lorsqu'ils ne peuvent plus être réalisés ! La douleur est parfois plus intense parce que l'on prend conscience qu'il est trop tard, que le temps ne peut pas être rattrapé !

## La durée d'un deuil

La durée d'un deuil est variable. Elle dépend de chaque individu et de divers facteurs que les questions suivantes permettront d'identifier :
– Qui as-tu perdu ? Un parent, un conjoint, un enfant, un ami ? (Le deuil d'un enfant est reconnu pour être le plus pénible et le plus long.)
– Dans quelles conditions s'est déroulée ta séparation ? Après une longue maladie ? S'agit-il d'un accident, d'un

suicide, d'un divorce inattendu, d'une trahison, d'une infidélité, d'une séparation consensuelle ?...
– Étais-tu préparé ? Si oui, comment ?
– Comment as-tu appris à vivre les deuils dans ta famille ?
– Quelles relations avais-tu avec la personne disparue au moment du décès ou de la rupture ?
– En plus de la perte que tu viens de subir, vis-tu d'autres pertes ou as-tu d'autres préoccupations qui mobilisent ton énergie ?
– Disposes-tu d'assez de temps libre pour te permettre de commencer le travail de deuil ?
– De qui reçois-tu soutien et accompagnement durant ces moments pénibles ? D'amis, de parents, de professionnels, d'une communauté, d'un groupe d'entraide ?...

Dans les sociétés traditionnelles, on parle de neuf mois – le temps d'une gestation – pour accomplir un deuil. Nous estimons qu'un deuil sérieux exige au moins deux ans pour être résolu de manière satisfaisante.

Mais, si la longueur de la période que l'on consacre à faire ce deuil est importante, l'utilisation appropriée et efficace de ce temps l'est encore davantage.

## Les étapes de la résolution d'un deuil

### *Première étape : le choc*

Quand il y a une surcharge électrique, les fusibles saturent et finissent par sauter. De même, lorsque surgit une douleur trop intense, le corps humain réagit en sécrétant des hormones tranquillisantes qui atténuent la perception du réel : la vie émotive a tendance à se scléroser. Dans les moments de grande détresse, l'organisme a recours à cette mesure de survie, grâce à laquelle la victime d'une tragédie continue à fonctionner au lieu de s'effondrer totalement. L'étape du choc permet à la victime de constituer assez de ressources, d'énergie, pour faire face à la réalité.

Une personne en état de choc connaît donc une diminution de la sensibilité, une absence de réaction face à la peine ou au plaisir. Voici quelles pourront être ses réactions :

– une apparente insensibilité à la tragédie qui vient d'arriver ;
– les oreilles qui bourdonnent ;
– les yeux qui se brouillent ;
– une sensation de froid et de paralysie intérieure ;
– une grande lourdeur physique,
– un rire incontrôlable (dans les salons funéraires, par exemple) ;
– des hallucinations qui font croire à la présence du disparu ;
– une fatigue de tout son être.

Si cette première étape dure trop longtemps, elle risque de perturber profondément la vitalité de la personne atteinte. Celle-ci ne trouvera plus de saveur à l'existence, son corps et sa vie émotive se figeront. Cet état de choc devient en soi une perte qui s'ajoute à la perte initiale.

### *Deuxième étape : le déni*

Aux effets paralysants du choix s'ajoutent ceux de la négation, qui sont soit d'ordre cognitif, soit d'ordre émotionnel : on ne veut pas reconnaître la réalité de la perte et éprouver la souffrance qui en résulte. On se parle, on s'entend dire :

– Ce n'est pas vrai.
– Je vis un cauchemar.
– Je ne peux pas y croire ; je lui ai parlé hier.
– Il (elle) est toujours présent(e) dans ma prière.
– Je n'ose rien toucher de ses effets personnels.

Souvent l'entourage favorise un tel comportement :

– À quoi bon penser à lui, tu te rends la vie pénible.
– Ne pleure pas.
– Tu peux l'oublier.
– À quoi bon t'en faire, lui est heureux.
– Trouves-toi des occupations pour ne pas y penser.

Comme la phase du choc, celle du déni ne doit pas se prolonger, au risque d'entraîner la personne vers une grave dépression.

En effet, nier la souffrance provoque un certain étouffement. On se recroqueville en érigeant un rempart si haut qu'il nous cache le monde. On se pare d'une armure qui nous protège de notre peine et du regard des autres. Les effets de la douleur s'éternisent, alanguissent le corps et le cœur.

En revanche, si l'on prend conscience de sa douleur, on la ressent vivement, intensément, clairement. Par bonheur, elle s'avère passagère.

Avoir mal n'est pas une fin en soi. Mais ceux qui refusent ou qui sont incapables de souffrir, empêchent la vie de suivre son mouvement, sa dynamique. En s'obstinant à étouffer leur peine, ils se privent d'une renaissance qui ne demande qu'à surgir. Par ailleurs, la souffrance est normale, même s'il est pénible de l'admettre, et n'interdit pas d'avoir encore des contacts chaleureux durant ce passage difficile.

### Les formes de déni

Le déni prend des formes nombreuses et subtiles :
– oubli de l'événement du décès ;
– incinération faite à la hâte sans cérémonie d'adieux ;
– tentative de fuir tout ce qui pourrait rappeler la mort : hôpitaux, cimetières, médecins, prêtres… ;

– occupations ou préoccupations qui évitent de penser à son deuil ;
– acharnement à trouver un coupable à la mort ou à la rupture ;
– maintien de la présence de la personne disparue en conservant intacts ses objets et les lieux qu'elle a habités (phénomène de momification) ;
– abus de médicaments, d'alcools, de drogues...

Il existe une forme de déni encore plus dommageable. Lorsque les repères ont été bouleversés par la mort ou par la séparation, il est légitime de vouloir les retrouver. C'est pourquoi certains êtres sont poussés à imiter la personne décédée ou encore à lui trouver un substitut chez un individu vivant. Ce « stratagème » est classique dans les familles, il permet aux proches d'éviter de faire leur deuil :
– le fils aîné se croit obligé de remplacer son père ;
– l'enfant se met à imiter les comportements de son frère disparu ou de sa sœur défunte ;
– la fille ou le fils s'efforce de remplacer, auprès de la mère, le père qui a quitté le foyer ;
– l'homme divorcé ou le veuf aux prises avec le départ récent de son épouse, se remarie sans délai, pour se consoler...

Toujours vouloir remplacer le défunt par une autre personne, constitue un obstacle à la conscience de sa souffrance, donc à la guérison.

### Le cœur refuse de souffrir

Lors d'une session, Isabelle, une religieuse, raconta qu'elle venait de quitter un prêtre avec lequel elle travaillait, et pour lequel elle ressentait une très ou trop grande affection. Faisant appel à sa raison, elle avait choisi de s'éloigner de lui pour sauver sa vocation religieuse.

Je fus surpris de son détachement lorsqu'elle relata cet événement important, comme s'il s'était agi d'un fait divers.

Elle ajouta : « Je me sens très bien avec ma décision. » Je lui demandai alors : « Mais où est allée votre tristesse ? » Elle s'empressa de me répondre qu'elle avait « vécu » la séparation et que son deuil était déjà terminé.

Le lendemain, elle me rapporta un rêve qu'elle avait fait la veille :

*« Je suis assise sur le bord de mon lit. Mon sein gauche prend des proportions monstrueuses ; terrorisée, j'essaie de le retenir avec mes mains pour l'empêcher de grossir. Une plaie béante se forme à la base du sein et, à mon grand étonnement, des tissus gris et séchés tombent de la blessure. À ce moment, je me réveille triste et stupéfaite à la pensée de cette peau morte qui tombe de la plaie. »*

Je lui suggérai alors de reprendre le récit de son rêve, en imaginant cette fois-ci que du sang coulait de son sein. Isabelle protesta : « Mais ce n'est pas du sang. » J'insistai. Alors son visage crispé se détendit. De grosses larmes coulèrent sur ses joues. D'un signe de tête, elle me dit voir du sang couler de la plaie. La peine refoulée fit surface et elle l'accepta. Isabelle n'avait plus peur. Certes, elle souffrit, mais, à cet instant, elle sentit que sa vie reprenait. Elle s'était autorisée à donner libre cours à ses émotions et à ses sentiments.

### *Troisième étape : expression des émotions et des sentiments*

Cette étape est déterminante pour plusieurs raisons. Elle permet à la personne en deuil de se libérer et de se purifier des liens biologiques et psychologiques qui la tiennent encore attachée au disparu. Par ailleurs, cette phase est dramatique, ce qui tendrait à expliquer que certains intervenants la considèrent comme la dernière. Et elle l'est d'autant plus qu'elle survient après le choc et la négation, au moment où parents et amis sont moins présents, moins attentionnés, croyant que leur proche dans le deuil est assez fort pour se tirer d'affaire tout seul.

Erreur ! C'est peut-être le moment où il a le plus besoin d'être entouré. Car surgissent alors des émotions et des sentiments mêlés, confus : la peur, l'impuissance, la peine, la culpabilité, la colère, la libération jusqu'à la prise de conscience que tout est bien fini.

Or, nombreux sont les individus qui ne veulent ou ne peuvent pas donner libre cours à leur émotivité et leur souffrance.

Pour certains, il est très difficile, voire impossible, de se dévoiler et de se laisser gagner par leurs émotions. Ou alors, il n'est pas question pour eux de « régresser » et d'agir « comme un enfant ».

Il arrive même qu'une personne n'ait jamais appris à ressentir et à exprimer certaines émotions.

D'autres craignent de manifester des sentiments simultanés et contradictoires, comme l'amour et la colère. Une telle attitude pourrait être mal interprétée par l'entourage.

De nombreuses personnes – surtout parmi les hommes – ont un répertoire d'émotions pauvre qu'ils s'interdisent de montrer.

Il est évident que tous ces revirements, ce manège de pensées, de sentiments, d'interrogations... finissent par user.

### Dépression et culpabilité

Il est fréquent que la perte entraîne un état plus ou moins dépressif et s'accompagne d'une culpabilité qui peut tourner à l'obsession. À l'intérieur de soi résonne la voix d'un juge insensible et accusateur. Non seulement la personne est blessée, mais en plus elle se sent accablée de reproches :

– Tu l'as voulu, tu l'as eu.
– Tu aurais dû prévoir.
– Vois comment tu agis.
– Apprendras-tu un jour… ?

Souvent, cette culpabilité, qui est entretenue par ces accusations, est renforcée par le souvenir pénible des propos qu'a tenus celui ou celle dont on est séparé.

– Tu es ennuyeux.
– Tu auras beau faire n'importe quoi, tu resteras toujours le même.
– Tu es méchant, malhonnête.
– Tu vois, ça n'arrive qu'à toi !
– Tu ne sauras jamais être aimable comme les autres.

Ce genre de monologue intérieur engendre des états de dépression et d'abattement. On se sent fatigué et déprimé, ce qui devient un motif supplémentaire de s'accuser.

### La colère

Au cours d'un deuil, il est normal de ressentir aussi des mouvements d'irritation. Celui qui est parti a laissé un grand vide dans le cœur de celui qui reste. La personne ainsi blessée aimerait bien lui dire sa façon de penser. La laisser dans un état pareil !… Mais très peu de gens se permettent un tel comportement.

En général, la colère est détournée, et c'est l'entourage qui essuie les reproches :

L'ambulance n'est pas arrivée à temps.
Le docteur n'a pas prescrit le bon médicament.
Le prêtre n'a pas su s'y prendre pour annoncer la

nouvelle fatale.

C'est cet amant ou cette maîtresse qui a séduit le conjoint.

La colère prend souvent la forme de « pourquoi » :

– Pourquoi moi ?
– Pourquoi es-tu partie ?
– Pourquoi Dieu m'a fait ça ?
– Pourquoi n'as-tu pas appelé le médecin plus tôt ?

Ces « pourquoi » sont en réalité des cris de révolte. Il s'agit moins de demander des explications que de trouver une occasion d'exprimer sa colère, et souvent de désigner un bouc émissaire.

Parfois, cette colère va jusqu'à nourrir un sentiment de vengeance à l'égard de ceux que l'on croit responsables de ce malheur :

– S'il pouvait tomber malade à son tour.
– Je ne croirai plus en Dieu !
– Un jour, il sera puni.

### La prise de conscience de la perte ou « la grande lamentation »

La pleine prise de conscience de la perte est progressive. Comme les phases précédentes, celle-ci est tributaire du temps, dont l'efficacité varie selon les individus.

Le premier obstacle est d'ordre physique. L'organisme met du temps avant d'assimiler tout l'impact de la mauvaise nouvelle. Il érige des barrières qui empêchent la personne de faire son deuil. Ces réticences sont en fait destinées à lui accorder un répit afin de trouver les ressources qui lui permettront de faire face.

Puis un jour, toutes les résistances tombent ; tout devient clair. Oui, c'est bien fini ! La personne aimée ne reviendra plus jamais. Aucun retour en arrière n'est possible. Aucun espoir n'est envisageable. Alors, la peine est là. Elle envahit toutes les fibres du corps. L'être en deuil éclate en lamentations, se voit glisser dans un trou noir. Il croit perdre la raison. Il est entré dans les ténèbres.

Mais soudain, au bout de ce long tunnel, il émerge et retrouve la lumière. Il est passé du néant à un monde nouveau, d'un désert balayé par la tempête aux plaines tranquilles et fertiles. Certains ont donné une dimension mystique à cette expérience. C'est qu'elle représente le début de l'acceptation profonde de la séparation d'avec l'être aimé.

### La ronde folle des sentiments

Bien entendu, ce serait formidable si tout se déroulait dans l'ordre exact des étapes décrites ici. Mais ce n'est pas aussi simple…

Tu seras assailli par de fréquentes réactions émotionnelles : la peur, la colère, la culpabilité, la honte, la tristesse. À d'autres moments, tu seras surpris de te sentir libéré de la présence du disparu. Dans la mesure du possible, profite de ces moments de grâce. Lorsque déferle le flot des émotions, accepte-les ; vis-les en douceur. Parfois, pour qu'elles puissent s'exprimer, tu auras besoin d'être sécurisé par la présence et l'aide d'un « accompagnateur ».

Rappelle-toi que les émotions sont passagères. Si tu leur permets d'exister, elles s'évanouiront et tu te sentiras plus apaisé. Si tu les refoules, tu devras puiser plus profondément en toi pour découvrir le courant émotionnel qui ne parvient pas à s'exprimer.

Voici quelques exemples illustrant ce phénomène de « trafic d'émotions » :
– une colère persistante peut dissimuler une tristesse larvée.

À l'inverse, une tristesse tenace peut se nourrir d'une colère contenue ;
- un désir d'isolement exagéré peut s'opposer au souhait d'une dépendance dans laquelle on se sentirait trop vulnérable ;
- la culpabilité obsessionnelle peut trouver sa raison d'être dans une rage dirigée contre soi.

Alors, voici un dernier conseil : laisse la rivière de tes émotions et de tes sentiments suivre son cours. Elle te transportera vers des eaux plus calmes, celles de ta tranquillité intérieure. Tu auras libéré une affectivité longtemps refoulée. Cette libération s'appelle la catharsis.

### *Quatrième étape : la réalisation des tâches rattachées au deuil*

Lorsque la catharsis est suffisamment avancée, il convient que tu passes aux actes et manifestes ton détachement intérieur par des gestes concrets. Il est temps :
- d'achever ce que tu avais entamé avec le disparu. Par exemple, certains de vos dialogues sont restés inachevés. Ils peuvent être poursuivis et conclus par des écrits ou par des rituels d'adieu ;
- d'accomplir les derniers devoirs funéraires : enterrer les cendres, faire ériger un monument, etc. ;
- de tenir et de réaliser les promesses faites au moment du départ. Si c'est impossible, il faudra adapter cette promesse aux possibilités du moment ;
- de ranger ou d'éliminer progressivement les traces de la personne disparue : décrocher les photos et les mettre dans un album, vendre ou donner les objets qui lui ont appartenu.

Il ne faut pas se fier à l'apparence : ces tâches ne sont pas anodines. Il n'est jamais facile de se débarrasser ou d'écarter les preuves d'un bonheur évanoui. Mais une fois qu'elles sont accomplies, elles aident à comprendre le sens véritable de la perte. Elles accélèrent la guérison.

### *Cinquième étape : la découverte du sens de la perte*

Le psychiatre Victor Frankl affirme que le goût de vivre et de progresser s'enracine dans le besoin de trouver ou de donner un sens aux tragédies de la vie. Or, le sens de la perte, tout présent qu'il soit, ne se laisse pas toujours saisir facilement.

Pour y parvenir, la personne en deuil, une fois passé le flot de ses émotions, doit prendre du recul. Pour cela, elle a besoin d'être aidée. Voici quelques questions que peut suggérer un accompagnateur pour l'amener à découvrir le sens de la perte :

- Quel sens cette perte est-elle susceptible de prendre dans ma vie ?
- Comment va-t-elle m'aider à mieux me connaître
- Quelles nouvelles ressources ai-je découvertes en moi ?
- Que m'apprend cette situation pénible ?
- Quelle nouvelle orientation ma vie va-t-elle prendre ?
- Dans quelle mesure ai-je fait appel aux ressources de ma foi ?
- Comment envisager de grandir après un tel événement ?

Une fois ces interrogations posées, le sens de la perte peut être identifié. Il faut l'accepter, le laisser évoluer, le vivre : en trouver la clé. La période de réflexion nécessaire à ce travail demande que la personne en deuil ait confiance en sa sagesse intérieure. Il se peut qu'elle trouve d'emblée la réponse. Parfois les éléments du sens, d'abord disparates, s'organisent peu à peu jusqu'à ce que la réponse devienne claire. Enfin, il est possible qu'on se surprenne à vivre cette réponse sans s'en être aperçu.

## Témoignage

Voici quelques témoignages qui permettront de comprendre l'importance de cette cinquième phase.

Un homme divorcé raconte : « *À la suite de l'échec de mon mariage, j'ai pris conscience de ma grande dépendance affective et de mes attentes impossibles à l'égard de mon épouse. Aujourd'hui, avec l'aide d'un psychologue, j'apprends peu à peu à devenir autonome.* »

Une mère a perdu son enfant à la naissance. Elle rapporte : « *Je n'ai pas perdu mon enfant en vain. Je l'ai confié à ma meilleure amie qui, à son grand regret, était morte sans avoir eu d'enfant. Maintenant au ciel, mon petit a une mère, et mon amie peut prendre soin de "son enfant".* »

Un professeur a connu un grand chagrin d'amour. Il témoigne : « *J'ai fondé une association pour les personnes qui ont subi des échecs dans leur mariage ou leurs relations. Jamais, avant mon chagrin d'amour, je n'aurais pensé pouvoir m'impliquer de cette manière.* »

Une accompagnatrice en soins palliatifs raconte : « *À la suite d'une fausse-couche, j'ai senti un appel : celui d'accompagner les mourants. Je me devais de renverser le processus de mort de mon bébé. Aujourd'hui, j'aide les mourants à naître à la vie éternelle.* »

Une mère a perdu son fils de dix-neuf ans dans un accident : « *J'ai compris les paroles de mon fils qui, le jour de mon anniversaire, m'avait enregistré un message. Il disait : "Maman, tu es merveilleuse" Mais j'entends ses paroles comme si j'étais une "mère veilleuse". J'ai alors trouvé une nouvelle mission : je serai une "mère veilleuse" auprès de mes étudiants.* »

Il est donc possible de donner un sens à sa perte, et d'en sortir grandi et enrichi. La vie est encore pleine de promesses, de bonheurs dont tu profiteras mieux si tu fais de ton deuil une expérience positive.

*Sixième étape : l'échange des pardons*

**Demander le pardon**

Une perte grave est un formidable révélateur. On prend conscience de soi-même et de ses sentiments. On découvre à la fois l'intensité et la pauvreté d'expression de son amour à l'égard de la personne perdue. C'est pourquoi l'on ressent le besoin d'être pardonné et de se pardonner, de manière à atténuer son sentiment de culpabilité. Mais de quoi faut-il se faire pardonner au juste ?

– De n'avoir pas été à la hauteur de la situation.
– De ne pas avoir assez dit à l'autre : « Je t'aime ».
– D'avoir considéré l'autre comme une chose acquise.
– De ne pas l'avoir sauvé de la maladie et de la mort.
– De ne pas avoir su sauvegarder son mariage.
– D'avoir manqué d'amour et de clairvoyance, etc.

Demander pardon à l'autre, même en son absence, aide à atténuer son sentiment de culpabilité et à reconnaître ses limites dans l'amour. Une fois que l'on est convaincu d'avoir été pardonné, on est mieux disposé à se réconcilier avec soi-même, à accepter ses limites, ses défauts, ses échecs... À se pardonner, en somme, pour que règne en soi une nouvelle harmonie.

**Accorder le pardon**

Alors, cette paix intérieure permet d'accorder son pardon à l'autre. Suivant qu'il s'agit d'un décès ou d'une séparation, ce pardon est bien entendu d'intensité différente.

Néanmoins, il s'impose dans les deux cas comme une démarche nécessaire pour atténuer, sinon éliminer, les restes de colère intérieure. La disparition de ces réminiscences est nécessaire. Sans elle, il n'est pas possible de passer à l'étape suivante. Car comment accepter en héritage les qualités d'une personne pour laquelle on éprouve encore du ressentiment ?

Certains objecteront : « Il est compréhensible de pardonner à celui dont on est divorcé, mais pourquoi faudrait-il pardonner à une personne chère d'être morte ? »

Ce pardon est pourtant nécessaire pour deux raisons. D'abord, il suffit de se rappeler que les relations affectives que l'on entretenait avec elle étaient loin d'être parfaites, et qu'à ce titre nous avons toujours quelque chose à nous pardonner mutuellement. À ce premier motif s'ajoutent les difficultés que sa disparition a provoquées et que rencontrent celui qui reste : l'émotion, la solitude, l'insécurité financière, matérielle et affective. Le pardon permet d'éliminer toute trace de ressentiment, de colère, d'amertume ou de frustration. L'accorder, c'est reconnaître à la fois son attachement et son détachement.

### *Septième étape : l'héritage*

Certains croient que le travail sur le deuil est terminé lorsque la blessure semble cicatrisée. D'autres en voient la fin dans l'acceptation résignée de la perte et le retour à la vie « normale ». Pour ma part, je considère qu'un deuil n'est pas terminé tant qu'il n'est pas passé par l'héritage. Cette phase consiste à récupérer l'énergie, l'amour, les qualités même de l'être cher.

Souvent, en s'attachant à l'autre, on s'attache à ses qualités, celles que l'on aurait voulu posséder. Il arrive aussi que l'on s'identifie à lui, qu'on l'idéalise. Si, en faisant son deuil, on réussit à se détacher de lui et à le laisser partir, on peut alors jouir d'une nouvelle présence de cet être aimé.

En acceptant de laisser partir quelqu'un dont on admirait les talents et les qualités, on se dispose à recevoir ces qualités et ces talents. Voici trois exemples frappants ou l'héritage est acquis spontanément :

- une femme, après vingt-cinq ans de vie au foyer, prend la place de son mari décédé. Elle devient directrice d'une compagnie d'autobus et réussit très bien ;
- alors qu'il n'avait jamais concocté le moindre repas, un père de famille s'improvise cuisinier après la mort de sa femme. Maintenant, tout le monde se régale ;
- une épouse réservée et timide poursuit avec succès les activités sociales de son mari décédé.

L'héritage se produit le plus souvent de manière naturelle. Cependant, il peut être facilité par un rituel (voir page 119).

### *Huitième étape : célébration de la fin du deuil*

Quand sommes-nous en mesure d'affirmer que le deuil est terminé ? Autrefois, la fin d'un deuil était signalée par le changement de couleur des vêtements ou par la pratique d'un rituel quelconque. Aujourd'hui il est devenu plus difficile de la constater, parce qu'il n'y a plus de signe extérieur ou de code social auquel se référer.

Dans les « groupes de deuil » que j'ai créés, le meneur remédie à cette incertitude. Après le rituel de l'héritage, il proclame publiquement que le deuil de l'héritier est bel et bien terminé.

Cette annonce officielle remplit les personnes de joie. Libérées d'un grand poids, elles éprouvent un profond sentiment de paix et d'harmonie intérieures. Les angoisses, les souffrances et les états dépressifs s'évanouissent. Il arrive même que certains en pleurent de contentement.

Il est recommandé de compléter cette célébration par une prière d'action de grâces, par des félicitations adressées à la personne libérée, et par un toast porté à sa nouvelle vie.

Et si nous avons l'occasion d'aider un proche confronté à une perte, nous pourrons nous servir de notre expérience. Les épreuves que nous avons traversées avec succès tout au long de ce parcours nous aideront à trouver les mots, à donner vie à nos paroles. Nous pourrons lui dire :

**Sois patient avec toi-même pour mieux guérir**

Dans ce monde de l'instantané et de l'éphémère, je sais que tu voudrais te « débarrasser » de ta souffrance le plus vite possible. Or, ce ne peut être aussi rapide que tu le voudrais. Le processus de guérison doit suivre son cours. On peut en aider le déroulement, mais non le précipiter.

N'essaie pas de brûler les étapes.

Plus ta blessure est grande, plus ta guérison sera longue.

Sois certain que tu guériras. D'ailleurs, tu as déjà commencé. Accorde-toi tout le loisir et le temps nécessaires pour y parvenir, comme tu le ferais pour un membre fracturé. Paie-toi ce luxe. Tu le mérites !

L'expérience humaine que tu vis est lourde de conséquences. Il ne faut pas que tu passes à côté. N'imite pas ceux qui ne prennent pas le temps de se laisser « humaniser » par leurs douleurs, qui, déçus après un chagrin d'amour, veulent oublier à tout prix, et finissent par durcir leur cœur. Ils craignent d'aimer à nouveau et s'empêchent ainsi de vivre une nouvelle relation, c'est-à-dire de s'enrichir pour le futur, dont les perspectives se trouvent réduites.

Certes, la souffrance n'est pas bonne en soi. Loin s'en faut. Elle ne doit pas être cultivée pour elle-même. Mais, si tu sais en saisir toute l'efficacité, tu peux en tirer des bénéfices, gagner en maturité et en épanouissement.

### Laisse-toi vivre le moment de vide éprouvé dans le deuil

Durant ton deuil, demeure tranquille et attentif.

Ne précipite pas la montée d'espoirs faciles, de peur de te créer des illusions.

Modère en toi le désir des amours immédiats, de peur d'entretenir de faux amours.

Dans l'attente, conserve foi en l'avenir : l'espoir et l'amour revivront en toi.

Vis au présent, et dans le calme, le vide de l'attente.

De l'obscurité jaillira la lumière.

Du silence montera le chant.

De l'immobilité surgira la danse.

*Quatrième partie*

# Je continue à vivre

## L'apprentissage du vide

### *Je coule*

**Mercredi :** La pensée de son départ me harcèle.
**Jeudi :** Je suis un naufragé. Je coule dans mes souvenirs et je pleure.
**Vendredi :** Je ne peux nier l'évidence. Elle est partie. Désarmé, je m'enfonce dans la dépression.
**Samedi :** J'ai l'impression de me noyer dans la tristesse.
**Dimanche :** Mon Dieu, je ne me décide pas à faire surface. Peux-tu m'aider et venir jusqu'à moi ? Fais-tu parfois des visites à domicile ?

Chaque jour, la perte progresse, évolue vers la peine, le vide, l'absence et le manque. Elle te harcèle, puis te rend nostalgique, et finit par te plonger dans une profonde tristesse, jusqu'à te donner l'impression de sombrer dans le désespoir.

### *J'ai peur de devenir fou de peine*

À la suite d'un « coup dur », certains craignent que le chagrin ne leur fasse perdre la tête. Ils se sentent désorientés, éprouvent un certain malaise, pensent que la souffrance étouffe et domine leur perception, leurs sensations.

Peut-être es-tu aussi hanté par la peur de ne plus retrouver tes capacités ? Tu te surprends à déplorer ton état :

– Je manque de concentration.
– J'éprouve de la difficulté à me ressaisir.
– Je crois que je ne pourrai jamais m'en sortir.
– J'ai peur de la dépression.
– J'ai tout perdu ; je ne sais plus où je vais.
– Je ne vais pas pouvoir tenir le coup.

Que de craintes ! Pour les conjurer, tu peux remarquer que, si ta peur est réelle, son objet ne l'est pas : tu n'es pas en train de devenir « fou »...

Certes, l'état dans lequel tu te trouves est inconfortable ; tu te sens bouleversé. Tu as perdu ta stabilité habituelle et tu as raison d'être alarmé. Mais cette appréhension ne doit pas se transformer en affolement.

Il faut te donner du temps, car cet état est passager, transitoire. Pour l'instant, il est sage de te relâcher, de « flotter » sans trop te débattre contre la souffrance. Laisse tout cela vivre en toi, laisse la guérison suivre son cours.

Sans même que tu t'en doutes, de nouvelles énergies s'organisent en toi, un nouvel équilibre intérieur se met en place. Par moments, tu pressens le retour prochain de la paix. Tapie au fond de ton être, elle est là.

*Quand j'ai cessé d'être un couple*

*J'ai bloqué la montée du désir.*
*J'ai cessé de vouloir te raconter*
*les événements de ma journée.*
*J'ai refoulé en moi les longues confidences.*
*Je ne voulais plus te réveiller la nuit*
*pour me libérer de mes cauchemars.*
*J'ai interrompu le film de mes rêves*

*et de nos projets à deux.*
*J'ai tenté, mais en vain, de ne plus m'inquiéter*
*de tes difficultés.*
*J'ai voulu m'empêcher de vibrer à tes joies.*
*J'ai renoncé à mon rôle de protecteur et de confident.*
*J'ai essayé d'enterrer ce monde intérieur*
*encore trop présent.*
*Alors, une grande partie de mon être s'est empêchée*
*de vivre.*

L'être que tu as aimé s'en va, et l'obsession surgit. Tout ce que tu traverses, tu l'interprètes en fonction de toi, de ce que tu as vécu et du vide que tu rencontres. Tu penses être amputé d'une partie de ton corps, de ton âme, de ton cœur, et tu voudrais te libérer de ce mauvais rêve. Pour y parvenir, accueille ta souffrance. Tu seras alors en prise directe avec la réalité, avec toi-même.

### *Ma délivrance se trouve dans ce que je crains le plus*

*Pour ne plus souffrir,*
*mon corps s'est tendu et s'est raidi.*
*J'ai désiré ne plus voir ou ne plus entendre.*
*J'ai souhaité dormir, devenir inconscient, me reposer.*
*Mais je crois que cette léthargie*
*m'effraie davantage que la perte elle-même.*
*Que dois-je faire ?*
*Je ne connais pas d'autre solution que d'accueillir*
*cette visiteuse toujours inopportune : la souffrance.*

Le sommeil n'est ici qu'une image, utilisée pour te permettre de prendre conscience que seule l'acceptation de ta souffrance favorisera le début de ta guérison. La refuser t'épuiserait davantage que la reconnaître. Que préfères-tu :

te morfondre en plongeant nuit et jour dans les affres du chagrin ou combattre pour t'en sortir ? Si tu choisis de lutter, rappelle-toi qu'un militaire évalue toujours la taille de son adversaire avant d'engager une bataille. Ton ennemi est la souffrance, et la meilleure manière de l'apprécier est de l'accepter. Tu dois donc te rendre à l'évidence : tu fais partie de la communauté des souffrants.

### *Je fais partie de la communauté des souffrants*

Bien entendu, il est intolérable de penser que l'on souffre seul parmi ceux qui semblent heureux. C'est pourquoi on a souvent l'impression d'être abandonné à son malheur.

Mais la réalité est tout autre. Nombreux sont ceux qui, en dépit de leurs peines, de leurs misères et de leurs épreuves, s'efforcent comme toi de continuer à vivre.

Ta blessure peut être ravivée par le spectacle de ces visages qui paraissent radieux. Mais si tu observes avec attention, tu découvriras tout près de toi que, derrière un apparent contentement, des personnes dissimulent un lourd fardeau de déceptions, de bouleversements et de problèmes de toutes sortes. Déceler et prendre en considération la douleur d'autrui pourrait t'aider à accepter la tienne.

Ce que tu vis est important. Actuellement tu n'as pas pour tâche de nier ta souffrance, mais de l'assumer et de la transformer en gain. Elle te fera découvrir l'importance de la vie, elle t'apportera une plus grande maturité et modifiera ton regard sur les autres.

Alors, rejoins la grande communauté de ceux qui souffrent ! Rejoins le cortège de ces êtres qui, comme toi, vivent une telle expérience, la plus commune à l'humanité. Tu n'es pas seul, mais entouré de personnes avec lesquelles tu peux sympathiser. Si tu vas à leur rencontre, tu te sentiras épaulé.

*Je m'étais cru inaccessible*

*J'avais barricadé mon cœur.*
*J'avais engourdi mon corps.*
*Je m'étais coupé de mes émotions.*
*Par moments, ce pouvoir sur moi m'enivrait, m'exaltait.*
*J'étais devenu le maître absolu de moi-même,*
*maître de ma tragédie,*
*maître de ma souffrance,*
*maître de ma destinée,*
*Je devenais une sorte de héros inaccessible,*
*un dieu insensible.*
*Ma tête conduisait toute ma vie.*
*Jamais, dans cette atmosphère d'inconscience et d'artifice,*
*je ne m'étais senti aussi libre.*
*Puis, un jour, cette tour de glace se fissura,*
*ma raideur s'atténua,*
*mes certitudes furent ébranlées.*
*Un grand vertige s'empara de mon être.*
*J'eus peur.*
*Je ressentis le besoin.*
*Je devins petit.*
*Je frissonnai.*
*Je pleurai.*
*Adieu, noblesse, solennité, divinité !*
*J'étais redevenu humain...*

Lorsque ton existence est sans histoire, tu peux facilement devenir moins attentif, négliger tes sentiments et ton intérêt pour les autres, délaisser l'exercice physique. Tu te crois à l'abri de tout, invincible, et cet état te procure une sensation de liberté. Mais lorsque la souffrance surgit, ce mur de certitude et de répression des émotions s'effrite. Cette phase est très enrichissante : tu comprends que tu évoluais à côté de certaines de tes qualités humaines et qu'une once d'humilité te sera très utile pour les redécouvrir.

## *Je suis encore plein de ressources intérieures*

À la suite d'une blessure occasionnée par un décès ou une séparation, il arrive que la personne en deuil perde confiance en elle. Elle se met à douter de ce qu'elle est et des possibilités qu'elle a de s'en sortir.

Ressens-tu aussi cet abandon ? L'estime que tu te portes est-elle entamée ?

Tu aurais dû prévoir…
Si tu avais écouté les conseils de…
Si tu avais été suffisamment prudent…

Si tu t'accuses de la sorte, il est important de te souvenir de deux choses. D'une part, tout au long du chemin que tu viens de parcourir, tu n'as jamais cessé d'être quelqu'un de sain et d'intègre. D'autre part, tu disposes de richesses intérieures grâce auxquelles tu pourras te rétablir et grandir.

Alors, surveille dès maintenant ton monologue intérieur.

Au lieu de te dire : « *Je suis blessé* », dis-toi : « *Mon âme a été blessée et j'ai la capacité de guérir.* »

Au lieu de répéter : « *Je suis en échec* », redis-toi : « *J'ai subi un échec et c'est réparable.* »

En remplaçant le verbe « être » par le verbe « avoir », tu passeras de la passivité à l'action, et tu te rendras compte que ton être profond a été épargné, qu'il dispose de facultés capables de te guérir.

Fais-toi confiance et fie-toi à la sagesse instinctive de ton guérisseur intérieur. Il sait comment tu peux te délivrer de ton mal et t'approcher encore davantage de ce que tu es et de ce que tu vis.

## *Je me donne la permission de souffrir*

Dans notre société, être malheureux n'est pas très bien vu. Le bonheur est devenu presque une obligation. À en juger par la publicité, ce bonheur serait même facilement accessible et à la portée de n'importe qui !

C'est pourquoi la souffrance s'est transformée en une sorte de maladie honteuse qu'il faut dissimuler à tout prix. Autrefois, les mourants finissaient leurs jours entourés de leurs proches. Aujourd'hui, ils achèvent leur existence dans les hôpitaux et meurent le plus souvent la nuit, lorsque la solitude est à son paroxysme. Il suffit de voir les vieillards confinés dans des hospices. Même la mort doit avoir belle figure : ne demande-t-on pas parfois aux embaumeurs de faire de « beaux » défunts ?

C'est pourquoi nous pouvons développer une allergie à toute forme de douleur. Et, lorsqu'on est soi-même en proie à la tristesse, cette allergie peut nous faire craindre de déranger ou d'être jugé.

Ne tiens pas compte d'une telle conception. Accorde-toi le droit d'être malheureux, de laisser tes larmes couler, d'être déprimé pendant quelque temps. Cela n'a rien de honteux. Pour l'instant, oublie les voix intérieures qui te disent de dissimuler ta peine ou de ne pas pleurer. Recherche la compagnie de personnes qui te sont sympathiques et qui savent ce que tu traverses pour l'avoir traversé aussi.

Rappelle-toi que tu vis un état pénible mais passager. Avec l'appui des autres, permets-toi de l'admettre. Alors, tu verras que ta guérison est en train de s'amorcer.

### *Je refuse de ne plus être pour toi la personne la plus importante*

*Avant de te connaître, je n'avais jamais été le premier en rien.*
*Pour toi, j'étais le premier,*
*l'indispensable,*
*l'unique.*
*Tu venais de me le dire. J'étais :*
*le seul qui te comprenait,*
*le seul qui savait te rejoindre,*
*le seul qui pouvait t'aimer comme tu le désirais.*
*Je n'accepte pas*
*d'être devenu un « simple ami »,*
*d'être comme tout le monde,*
*d'exister sans ton regard admiratif.*
*Je veux être unique au monde, unique pour toi.*

Il était valorisant de partager votre vie, à tes yeux comme aux siens. Tu recevais ses confidences, tu étais « quelqu'un », et aujourd'hui tu n'es plus rien. C'est du moins ce que tu crois. Parce que tu penses n'avoir existé qu'au travers de votre relation. Un mélange d'orgueil, de tristesse, de regrets te révolte ; tu refuses l'évidence. La confusion règne.

Retrouve ton identité propre, en dehors de votre histoire, admire-toi de nouveau avant de vouloir être admiré. Non, tu n'es pas redevenu ordinaire, tu existes bel et bien. Pour le comprendre, laisse la paix t'envahir.

### *L'harmonie intérieure est brisée*

Ta paix intérieure est troublée.

Tes projets ont été bouleversés.

Tu as atteint le plus profond de toi-même.

Reconnais ton état : tu es convalescent.

En toi se déroulent des dialogues « fous ». Les parties qui te composent se contrarient. Certaines voix accusent, d'autres se défendent :

« Tu aurais dû éviter de t'attacher à cette personne.
– Oui, mais comment pouvais-je savoir ?... »

« Tu es trop dépendant.
– Oui, mais j'ai besoin d'aimer. »

« Oublie-le, il n'est pas digne de toi.
– Comment pourrais-je l'oublier, je l'aime encore. »
Etc.

Ce véritable charivari devient épuisant ; toutes ces parcelles de toi se chamaillent sans s'écouter. La pagaille règne en toi, comme si tu étais un chef d'orchestre n'exerçant plus le moindre contrôle sur ses musiciens.

Alors, dépasse ces dialogues de sourds, qui ne sont que babillage superficiel. Pour progresser, tu n'as pas besoin de désordre mais plutôt d'harmonie et de calme. Il existe une zone de silence et de tranquillité qui se trouve au centre de toi-même. Tu peux l'atteindre et y trouver la paix. Certains y parviennent grâce à leur dialogue avec Dieu ; d'autres à travers la nature, ou la musique, ou à l'occasion d'une promenade solitaire.

### *Renouer le dialogue avec l'enfant blessé qui est en moi*

Nous venons de constater à quel point tu peux être partagé à la suite d'un malheur. Tu es la proie de conflits incessants.

Tu peux maintenant commencer à transformer ces reproches en paroles de consolation. Tu as peut-être la chance d'avoir à tes côtés un confident qui t'aide à mieux te comprendre. Seulement, il ne peut pas ressentir, s'émouvoir ou progresser à ta place. Il n'y a que toi qui puisses apprendre à te « vivre en douceur ». Pour cela, je te suggère d'établir un dialogue avec « l'enfant blessé » qui est en toi. En effet, lorsque nous pleurons, ou que nous montrons une joie démesurée, il n'est pas rare de s'entendre dire : « Quel enfant ! », et ce à n'importe quel âge. En fait, nous donnons libre cours à des pulsions, des sortes de folies passagères qui nous débrident. En devenant adulte nous avons abandonné une certaine insouciance que nous aimons retrouver ainsi. Or, vivre un deuil est une situation extrême. La part infantile qui demeure en nous a besoin de réagir elle aussi. C'est pourquoi je te propose l'exercice suivant.

Dans l'intimité de ta chambre, serre un oreiller contre ton ventre, et, si tu en ressens le besoin, berce-toi comme le font les petits.

Dis à ton « enfant intérieur » que tu es prêt à l'écouter.

Laisse-le s'exprimer, pleurer, sangloter comme il l'entend.

Dis-lui de nouveau ce que tu as compris de sa peine et de ses émotions.

Rappelle-lui que tu es prêt à l'accueillir tel qu'il est, sans le blâmer.

Rassure-le par ta présence constante.

Ensuite, garde le contact avec le « petit » qui est en toi et demeure en sa compagnie. Peut-être auras-tu à lui parler encore avant qu'il puisse te faire confiance et se livrer en profondeur.

Lorsque ce lien de confiance sera établi, tu te sentiras nettement soulagé. Tu éprouveras de la sympathie pour toi-même. Tu seras présent en toi de manière réconfortante.

### *Les litanies de l'amour et de l'amitié*

Cet exercice simple peut également briser ce monologue intérieur qui te culpabilise, te déprime et te fait tourner en rond. Il m'a été très profitable et a réussi à ceux qui ont eu le courage de le mener à bien.

Tu sais maintenant qu'il est vain de vouloir combattre cette voix qui, en toi, t'accuse et te fait subir son humeur. Cette dépense d'énergie serait inutile et même néfaste. Mieux vaut consacrer tes forces à construire des sentiments positifs.

Pour entamer les « litanies de l'amour », retire-toi dans un endroit tranquille, installe-toi confortablement, détends-toi et commence à réciter (oui, je dis bien « réciter ») la liste des êtres qui t'aiment (personnes, animaux, plantes, objets) :

Paul m'aime.
Thérèse m'aime.
Ma fougère m'aime.
Maman m'aime.
Mon chien m'aime.
Ma peinture m'aime.
Etc.

Vas-y franchement, sans porter de jugement sur la qualité ou l'intensité de cet amour. L'important est que tu prennes conscience que tu es aimé. Peu à peu, augmente la liste de ceux qui t'aiment, et récite-la plusieurs fois.

En peu de temps, tu seras surpris des changements qui s'opéreront en toi.

### *Les hauts et les bas de la guérison*

Tu es en bonne voie.

Cependant, guérir complètement ne s'accomplit pas selon une progression continue mais discontinue. Tu passes du bien-être à la mélancolie :

Je me sens bien.

Je me sens mal.

Le chemin qui relie ces deux états n'est pas droit. Ton rétablissement est imprévisible, comme une ligne brisée.

Je me sens bien.

Je me sens mal.

Si tu constates une régression, ne te décourage pas, car un nouvel élan vers la santé est sur le point de s'amorcer.

Peu à peu, tu t'aperçois que les passages à vide sont moins déprimants, et de plus en plus rares.

Regarde ! Tu sens déjà que l'angoisse desserre son étau autour de ta nuque et de ton ventre. Tu respires mieux.

Ouf ! Ça fait du bien.

## *Mon amour perdu, je t'idéalise*

*Je me dis certains jours*
*je ne pourrai plus aimer,*
*je ne pourrai plus vivre en paix,*
*je ne pourrai plus être heureux.*
*En te perdant, c'est comme si j'avais tout perdu.*
*Comme si « l'âme de mon âme » avait cessé de vivre.*
*Mais dans ces moments, j'oublie à quel point*
*parfois je m'ennuyais avec toi,*
*parfois je me sentais frustré avec toi,*
*parfois j'aurais aimé être ailleurs,*

*parfois je me sentais prisonnier avec toi (mais quelle douce prison !).*
*Quand je me rappelle nos conflits, nos affrontements, nos frustrations mutuelles, nos empoignades,*
*je me sens mieux et le goût de revivre me reprend.*

La guérison est en marche. Bien entendu, la peine est toujours là, mais tu prends conscience de la réalité de ta relation passée. Tu commences à être objectif. Le temps est fini où vous ne faisiez qu'un. L'absence de l'autre n'est plus le seul moteur de ton existence. Les souvenirs douloureux non plus. Alors, poursuis ton chemin en prenant les mesures qui s'imposent.

## Les premières mesures

### *Un bon régime alimentaire*

« Un esprit sain dans un corps sain » ? Une bonne forme physique est aussi importante qu'une bonne forme morale. Par exemple, un sportif est capable de prouesses s'il se sent bien dans son corps et dans son esprit. Il en va de même pour toi : le fait de bien te nourrir devrait accélérer ta guérison. Permets-moi donc de te donner quelques conseils.

Prends des repas équilibrés et à des heures régulières. Tu auras une occasion supplémentaire de sentir, au milieu de ton désarroi, que tu retrouves ta vie sereine habituelle.

Évite les diètes sévères qui dissimulent souvent des motifs inavoués d'autopunition. Elles t'épuiseraient, et tu n'as pas besoin de cela.

Rencontre si nécessaire une diététicienne, elle te prescrira un régime alimentaire adapté.

Même s'il n'y a pas de denrées ou de recettes miracles, il existe des aliments, des vitamines (par exemple, la combinaison des vitamines B et C) ou des tisanes dont les effets sur l'organisme sont apaisants et réconfortants. Tu ne perds rien à te renseigner sur ce sujet.

Le travail du deuil, auquel tu te consacres, génère assez de stress. Inutile de l'augmenter à cause d'une mauvaise alimentation.

## *Trousse de secours pour prendre soin de moi*

Il ne suffit pas de se nourrir correctement, il faut aussi s'accorder des plaisirs. Voici quelques « gâteries » que tu peux t'offrir dans les moments pénibles et qui t'aideront à supporter ces périodes sombres avec plus d'entrain. Elles t'apporteront la détente, le bon air, le repos.

Prendre un bain chaud avec des huiles moussantes pour te délasser.

Marcher dans la nature pour respirer le bon air.

T'accorder un moment de recueillement pour prier.

Diminuer tes activités de la soirée pour te préparer au sommeil.

Aller au cinéma ; essayer un nouveau restaurant pour changer de décor.

Rendre service à quelqu'un ou à un organisme pour te rapprocher des autres.

Visiter des malades pour leur apporter ton soutien.

Préparer ton plat préféré pour satisfaire ta gourmandise.

Passer les disques que tu affectionnes pour te distraire.

Écouter une cassette d'exercices de détente pour occuper ton corps.

Te laisser tenter par un nouveau livre alléchant pour concentrer ton esprit.

T'amuser avec un enfant.

Etc.

Tu vois, il n'est pas nécessaire d'aller chercher bien loin. Des activités aussi peu coûteuses que celles-là s'avèrent les plus réconfortantes. L'essentiel est de te montrer bon envers toi-même. Évite de te punir sous prétexte que tu crois avoir mérité la peine que tu éprouves. Tu as le droit de penser à toi et à ton bien-être.

### *Économiser mes énergies*

Nous le savons tous deux : le travail de deuil te demande beaucoup de ressort physique et psychologique. Alors, si tu te sens fatigué, sois indulgent avec toi-même.

Imaginons que tu aies besoin de repos. Dors plus qu'à l'ordinaire : couche-toi tôt, lève-toi plus tard.

Vivre un deuil provoque un stress temporaire, mais constant. Pendant cette période, ta concentration est moins bonne. Aussi, tu dois planifier tes diverses activités avec précaution :
- remets à plus tard les grandes décisions ;
- évite les circonstances qui exigeraient trop de toi sur le plan émotif ou qui te feraient dépenser trop d'énergie ;
- choisis des travaux ou des loisirs qui te calment et te reposent ;
- essaie de ne pas opérer de grands changements dans ta vie ;
- si tu dois surmonter de fortes tensions, n'hésite pas : demande de l'aide ;
- évite les situations dangereuses comme la vitesse en voiture ou la pratique de sports violents.

Rappelle-toi comment, dans le passé, tu es parvenu à venir à bout de périodes aussi délicates. Pourquoi ne réussirais-tu pas à bien vivre celle-ci ?

### *Rester fidèle à une routine quotidienne*

Tu n'as pas envie de te rendre au travail ce matin ? Ce soir, tu voudrais t'abandonner à de sombres pensées, ou bien « t'avachir » devant une télévision bavarde ? Au lieu de te laisser aller ainsi, accorde-toi une plage de repos ou de détente. Au cours de ta journée, ménage-toi des instants et un lieu de « retrait ». Quelqu'un me racontait qu'à son travail il ne parvenait pas à trouver un lieu propice au calme et à la paix. Finalement, il avait jeté son dévolu sur les toilettes et en avait fait son « oasis » de récupération.

Même si tu te sens bouleversé et désorganisé, observe chaque jour un horaire précis. Tu auras alors le sentiment que ta vie est redevenue normale et ordonnée.

Quand tu te surprends à délibérer inutilement sur des activités aussi simples que manger, faire ta toilette ou t'habiller, coupe court à ces ruminations, et contente-toi d'exécuter automatiquement ces gestes quotidiens.

Pendant tes journées, ne laisse pas ton deuil prendre toute la place, prévois des moments précis où tu t'y consacreras avec plus d'intensité. Le reste du temps, il sera en « congé » et tu pourras profiter de ce répit.

### *J'ai le droit de redevenir enfant*

Auparavant, tu as renoué le dialogue avec l'enfant blessé qui est en toi. Ce dialogue t'a montré la voie. Tu as le droit de « régresser », de redevenir « petit » ou « petite » pendant un certain temps. C'est même une condition nécessaire pour exprimer ton émotivité et restaurer plus rapidement ton équilibre.

N'aie aucune crainte : ce retour à l'âge tendre est provisoire. Très vite, l'adulte qui est en toi reprendra la situation en main.

Tu as aussi le droit d'aller chercher du réconfort et de la compréhension auprès de tes proches, qu'il s'agisse de parents ou non. Peut-être éprouveras-tu le besoin qu'ils te tiennent et te serrent dans leurs bras. N'aie pas honte de ce besoin. Il est tout à fait normal de solliciter de l'affection et de la sécurité chez ceux qui peuvent te les offrir spontanément.

Certains ressentent cette nécessité, mais préfèrent éviter d'en faire part, craignant d'apparaître dépendants et vulnérables. Pourtant, il est possible de conserver son autonomie en choisissant de qui on se permet de dépendre et comment s'exerce cette dépendance.

### *J'ai le droit de demander de l'aide*

Parfois, la peine et la honte d'avoir été blessé te pousseront à t'isoler. Tu craindras d'ennuyer les autres avec tes problèmes. Plutôt que d'étaler ta détresse, tu préféreras te cacher derrière l'apparence d'un « super » adulte.

En effet, lorsqu'on éprouve un trop grand besoin, on appréhende de laisser transparaître sa fragilité et d'appeler au secours. Ce comportement dévoilerait trop de vulnérabilité.

Pourtant, il n'y a rien de plus humain et de plus courageux ! Certaines personnes en deuil l'ont compris et, avec des amis, ont mis au point un système d'entraide. Pourquoi avec des amis plutôt qu'avec des parents ? Parce que, dans ce genre de situations, l'amitié permet souvent d'avoir plus de recul vis-à-vis de l'événement et ainsi de mieux accompagner celui ou celle qui réclame une assistance. Ce soutien amical peut se manifester sous différentes formes. Tu peux te joindre à ces personnes qui vivent le même genre d'épreuve.

Si tu veux rester anonyme, tu peux t'adresser à un confident de SOS Amitié ou une autre association.

Ou alors, tu peux rendre visite à un ou une ami(e), te faire inviter à dîner.

Prévois également de quelle manière tu pourrais t'occuper pendant les heures de solitude, comme les vendredis soirs et les fins de semaine.

Près de toi, tu peux toujours trouver des « écoutants » extraordinaires, une voisine, la femme de ménage, le facteur... Si tu cherches bien, tu feras de quelques échanges, aussi brefs soient-il, des instants constructifs, aux effets réparateurs.

### *L'ami oublié*

*Toi, l'ami que j'avais oublié, que j'avais négligé,*
*que je ne voyais plus,*
*trop pris que j'étais par ma relation amoureuse.*
*Maintenant que je suis dans la peine,*
*je me permets de te lancer un appel au secours.*
*Dans mon cœur, je suis sûr que tu me recevras au nom de l'amitié bâtie ensemble au cours de notre jeunesse. Nos regards fixés vers le même but, nous avons construit cette amitié dans la dépendance mutuelle.*
*Dis-moi, tu seras là pour m'écouter ?*

Perdu dans ta relation passée, tu as parfois oublié des amis. La perte est souvent l'occasion de retrouver tout le sens de ces amitiés. Ce retour possible est le signe que tu désires également rétablir tes repères. Il ne faut pas pour autant que tu te culpabilises. Toi et ton ami êtes restés éloignés pendant un temps. Ce n'est ni ta faute ni la sienne, mais le fait des circonstances et de l'évolution de chacun. Peut-être aviez-vous aussi besoin de cette période pour mieux vous retrouver ? Penses-y…

### *Je remets les grandes décisions à plus tard*

À moins d'avoir à faire face à des échéances incontournables, garde-toi de t'impliquer dans des décisions importantes, comme nous l'avons évoqué dans ton bilan d'énergie.

Tu as déjà ta part de bouleversements. Tes états émotifs t'empêchent d'avoir toute la concentration et l'objectivité nécessaires pour effectuer de grands changements. La décision la plus importante pour le moment serait plutôt… de ne pas en prendre.

Si possible, remets ces choix à plus tard.

Si tu dois absolument décider, alors demande l'aide d'une personne sage et pondérée qui saura bien te guider par ses conseils.

Patience ! Une fois que ton deuil sera résolu, tu jouiras d'une grande liberté intérieure et, par là même, d'un plus grand discernement.

### *Non, je ne veux pas passer l'automne seul*

*L'automne s'en vient.*
*Le froid m'envahit déjà.*
*Les arbres redoutent l'engourdissement,*
*les feuilles s'empressent de fuir.*

*La nostalgie et le vague à l'âme m'habitent.*
*Je crains l'ensevelissement prochain.*
*Comme le moribond à l'agonie*
*qui s'acharne à ne pas mourir*
*avant que quelqu'un ne le tienne dans ses bras,*
*je ne veux pas mourir à mon amour*
*avant que quelqu'un ne me dise « Je t'aime ».*
*Non, je ne veux pas passer l'automne seul.*

L'hiver et l'automne avec son cortège de feuilles mortes sont propices à la nostalgie. On passe plus de temps chez soi, les nuits sont plus froides et tombent plus vite. Or, il est prouvé que le manque de soleil nuit « au moral ». C'est pourquoi on ressent davantage le besoin d'une présence réconfortante.

Mais, comme nous l'avons vu, tu dois réagir. Alors, récite les litanies de l'amour et de l'amitié, ouvre ta trousse de secours, économise ton énergie. Au printemps, lorsque la chaleur reviendra, tu constateras que tu as su franchir un nouveau cap. Et tu en seras fier.

### *Le bonheur des autres me fait mal*

*Certains jours, le bonheur des autres me fait mal.*
*Je supporte difficilement de voir des familles heureuses,*
*des couples d'amoureux, des amis qui rient ensemble,*
*des gens qui s'embrassent, des personnes qui semblent réussir en tout.*
*Je me sens comme un orphelin que la vie a trompé.*
*Le bonheur des autres, c'est du vinaigre sur ma plaie.*
*Quand j'imagine que la personne qui m'a quitté est heureuse sans moi, ma brûlure devient intolérable.*
*Je perds la face, j'ai honte et je veux m'isoler.*

Si tu réagis ainsi devant des gens heureux, rappelle-toi que « l'herbe paraît souvent plus verte dans le champ du voisin ». Il ne sert à rien d'établir un barème du bonheur, en te plaçant au plus bas échelon. Ce n'est pas la peine d'espionner chez le voisin ce que tu possèdes déjà. Regarde autour de toi, la vie n'est-elle pas présente partout ? Quel besoin aurais-tu de t'isoler, de te punir en quelque sorte, et de te priver de ces sources de bien-être ?

### *Cultiver les forces de vie qui sont autour de moi*

Des intervenants en soins palliatifs m'ont confié que la compagnie assidue des mourants les portait à s'entourer d'êtres vivants et à regarder la vie éclore et croître autour d'eux. Par ton deuil, tu fais l'expérience d'une « petite mort », puisqu'une partie de toi est abîmée ou a été engloutie dans la perte. Tu trouveras donc profit à faire éclater cette vie. Tu as autour de toi mille occasions de t'employer :

à faire pousser des plantes,
à constituer un bouquet avec des plantes sauvages,
à contempler un arbre,
à regarder la rivière couler,
à sourire à un enfant,
à écouter la voix de ton artiste favori(te),
à décorer une corbeille de fruits,
à jouer avec un petit animal,
à entretenir un jardin,
etc.

### *Ces petites bouées de la vie*

*Au lever, le goût de vivre m'a quitté.*
*Sur la table du déjeuner, je contemple ma plante verte,*
*être fragile, discret et fidèle.*

*Sur ses feuilles et ses fleurs délicates,*
*j'accroche mon intérieur las et douloureux.*
*Surpris de l'effet que produit ce simple geste,*
*je me lève tout léger pour aller au travail.*

Lorsque la morosité surgit, il suffit parfois d'un rien pour qu'elle disparaisse. Si tu es fatigué, déprimé, tu as toujours à portée du regard ou de la main quelque chose ou quelqu'un qui te redonnera l'énergie de sourire. Observe et tu constateras que tu es entouré de sources de vie et de légèreté.

## *Déterrer mon vieux fonds spirituel*

Tu as besoin de retrouver tes racines.

Reviens aux croyances de ton enfance religieuse.

Redis les morceaux de prière qui, autrefois, t'apaisaient avant la nuit.

Relis les livres qui t'ont marqué.

Retrouve tes toutes premières sources d'inspiration.

Visite une chapelle, un site religieux, un lieu habité par Dieu.

Et si tu crois en Lui, interroge-Le sur ce qui se passe dans ta vie.

La foi peut s'avérer une bonne conseillère et constituer un excellent remède contre les moments de doute. Tu as une personnalité qui t'est propre, que tu as construite durant ton jeune âge et que les récents événements ont chamboulée. Si tu as étudié les textes et si tu as prié lorsque tu étais enfant, tu peux te retrouver grâce à ces lectures et à ces gestes. Tu puiseras ainsi la force de mener ton travail de deuil jusqu'au bout, jusqu'à ce que tu grandisses.

## Les tentations faciles

### *Me venger : une solution ?*

Si on te blesse, il est naturel que tu réagisses en voulant faire souffrir à ton tour celui ou celle qui est responsable de ton désarroi affectif. La partie vengeresse qui est en toi souhaite faire partager ta souffrance au nom de la « justice ».

Te venger d'une façon ou d'une autre peut te soulager sur le moment, mais, hélas, pour un temps très court et à quel prix ! Et as-tu réfléchi aux conséquences de ton geste : sentiment pénible de culpabilité, impression de salir ce que tu as aimé, peur d'essuyer une contre-attaque, sensation de t'abaisser humainement, impossibilité de te détacher vraiment de ton histoire… ?

Crois-moi : la vengeance est un chemin long et tortueux qui ne mène nulle part. C'est un peu comme si tu t'acharnais à ressusciter une relation déjà morte. Quelle énorme perte de temps !

Alors, quelles sont les autres options ? Eh bien, tu peux par exemple régler les questions matérielles, comme le partage des biens, ou encore réduire au minimum les contacts avec l'autre et apprendre à vivre de manière autonome. Voilà des gestes positifs qui favorisent un détachement définitif.

Laisse la personne qui s'est séparée de toi vivre ce qu'elle doit vivre, et chasse peu à peu son image de ton esprit.

### *Le danger de vouloir m'engourdir*

Il existe deux façons très différentes de chercher le réconfort. Soit on soulage sa peine et sa détresse auprès de quelqu'un, soit on endort sa douleur en recourant à des artifices : alcool, stupéfiants, etc.

Ces substances dévient tes états émotifs et sont à proscrire. Elles cultivent en toi le « déni » émotionnel et retardent ta guérison.

Il peut être apaisant de s'enivrer, de se droguer, de dévorer des sucreries, de boire du café ou de fumer à l'excès. Mais ce soulagement est momentané et les suites sont pénibles (chutes d'énergie, états dépressifs...).

Il est possible d'être apaisé de manière plus efficace. Il suffit de te reporter à la trousse de secours.

Enfin, que faut-il penser des prescriptions médicales ? Il est recommandé de les respecter fidèlement. De même que l'on a parfois besoin de béquilles pour marcher, on peut dépendre provisoirement de médicaments pour résister à une épreuve. Toi seul peux exprimer ce que tu éprouves. Aussi, après avoir pris l'avis de ton médecin, tu devras juger par toi-même des effets produits par la diminution de la dose qu'il t'aura prescrite. Tu sauras à quel moment tu pourras t'en passer.

### *La tentation du suicide*

Certains sont en proie à une grande souffrance et pensent au suicide comme à une libération. Ils disent :

Je veux en finir avec cette souffrance.
J'ai envie de disparaître.
Je vais lui montrer jusqu'à quel point il m'a fait mal.

La personne suicidaire se sent tiraillée entre deux pulsions : opter pour une solution radicale en s'enlevant la vie ou choisir de vivre malgré la souffrance qu'elle devra supporter.

Chez certains, l'idée du suicide trouve son origine dans une grande colère intérieure qui se retourne contre eux au lieu d'être dirigée contre celui ou celle qui les a blessés. Si tu es dans ce cas, prends contact avec cette rage, exprime-la sainement : frappe un oreiller, fais un dessin de celui qui t'a offensé et déchire-le, frappe du pied...

D'autres pensent qu'en attentant à leur vie ils pourront punir la personne qui les a quittés. S'il doit y avoir punition, il est bien plus cohérent de lui montrer que l'on peut guérir, que l'on peut améliorer sa qualité de vie et qu'il est possible d'être heureux en son absence.

Enfin, il arrive que la tentation de se supprimer soit un appel au secours. Rassure-toi, pour appeler à l'aide, il existe des recours plus efficaces et moins dommageables : parents, amis, urgences d'hôpitaux...

Si tu t'interroges sur le suicide, crois-moi : ce n'est pas la solution. Certes, c'est une option, mais combien coûteuse et destructrice.

*Cinquième partie*

# Je me laisse guérir

## Le temps des sentiments

### *Je me sens mal maintenant, pour me sentir mieux plus rapidement*

Guérir passe d'abord par la reconnaissance de ta blessure affective. Plus vite tu cesseras de la nier, plus vite tu pourras l'assimiler et t'en délivrer.

Je connais plusieurs personnes qui ont attendu beaucoup trop longtemps avant de se libérer de leur peine et de retrouver la joie de vivre.

À la suite de la mort de sa mère, Jacques, ignorant la dynamique du deuil, a souffert durant vingt ans d'états dépressifs. Grâce à un psychodrame, il est parvenu à lui faire ses adieux et il a pu commencer à résoudre son deuil. Maintenant, il est débarrassé de ces états dépressifs.

J'ai connu une mère qui, pendant des années, attendait la réincarnation de son enfant de neuf ans, qui n'avait pas survécu à une opération chirurgicale. Elle le cherchait sans relâche chez les bébés et les enfants qu'elle rencontrait. Elle négligea sa famille et devint presque folle. Finalement, elle reconnut qu'il était bel et bien mort et qu'elle le reverrait seulement dans l'au-delà.

J'ai accompagné des parents qui, en dix ans, n'avaient jamais osé parler de la mort subite de leur bébé, survenue dans le berceau. Quand ils purent s'ouvrir de leur peine, accepter la réalité de cette cruelle disparition, ils parvinrent à se défaire de leur culpabilité et connurent une nouvelle intimité dans leur mariage.

Veux-tu, toi aussi, attendre aussi longtemps et perdre quelques belles années de ta vie ? Jusqu'à quand auras-tu besoin de cacher ton malaise, de nier ta peine et de vivre dans la « déprime » ?

*Guérir*

*C'est se souvenir d'avoir aimé*
*sans pour autant recevoir un violent coup au ventre.*
*C'est respirer sans les tensions*
*des sanglots étouffés.*
*C'est avoir la gorge libérée*
*d'une grosse boule de tristesse.*
*C'est sortir de la longue incubation*
*de la souffrance.*
*C'est naître à un monde nouveau*
*insoupçonné jusque-là.*
*C'est être capable de vivre seul*
*sans se sentir esseulé.*

Tu commences à ressentir physiquement les effets de la guérison. Ton corps est plus léger, ta respiration est à nouveau normale. Tu as l'impression de sortir d'une longue maladie, d'un brouillard épais qui te donnait l'illusion d'une grande solitude. Maintenant, tu peux rester seul chez toi sans te sentir pour autant abandonné. Pourtant, il te reste encore des étapes à franchir. Moins intenses et moins éprouvantes que les précédentes, elles sont néanmoins importantes et requièrent ta vigilance.

## *Une souffrance intermittente*

La guérison n'est pas aussi rapide que tu pourrais le penser. Pendant un certain temps ta vie émotionnelle connaîtra des hauts et des bas. Il faut que tu t'y prépares.

Tu traverseras des périodes d'accalmie pendant lesquelles tu réussiras à oublier en te tenant occupé. Parfois, tu croiras même que ton deuil s'achève. Puis, subitement, sans que rien le laisse présager, l'angoisse et la peine referont surface, s'empareront de toi, traînant derrière elles leur cortège de ruminations et de mauvais souvenirs.

Les fins de semaine, les jours de fêtes et d'anniversaires, un paysage, une mélodie, et te voilà de nouveau plongé dans l'affliction. Si tu t'en sens capable, il serait salutaire de demeurer avec ces états d'âme, si pénibles soient-ils, pour peu à peu les laisser se résorber. Si tu ne t'en sens pas la force, prends les mesures nécessaires pour ne pas te laisser envahir et accabler inutilement. Cherche un bon moyen, comme te distraire – car il est parfois sage de prendre congé de son deuil – ou encore, donner libre cours à ta mauvaise humeur.

## *Il est permis de se fâcher*

Malgré les tabous sociaux qui entourent la colère, il t'est permis d'exprimer un pareil sentiment pendant ton deuil. Avant de poursuivre, il est bon de rappeler que cette émotion est très différente de la haine ou du ressentiment. D'abord, parce que la colère s'évanouit une fois qu'elle est exprimée, alors que le ressentiment n'en finit pas de ronger le cœur et de refaire surface, surtout s'il est entretenu.

Dès lors, laisse la colère monter en toi. Permets-toi de signifier à la personne qui est partie de ta vie, la peine que son départ a occasionnée et l'état d'irritation dans lequel tu te trouves.

De t'avoir laissé seul(e),
de t'avoir obligé(e) à assumer les responsabilités dont elle s'acquittait,
de te forcer à grandir et à mûrir trop rapidement.

Ne te gêne pas : fâche-toi
contre les conventions sociales,
contre le destin,
contre Dieu,
contre ceux qui paralysent ton travail de deuil,
contre ceux qui s'éloignent de toi.

Ne te contente pas de laisser simplement monter ta rage. Trouve-lui des exutoires en faisant des exercices physiques intenses, en tapant sur un oreiller, un matelas ou bien en criant à tue-tête dans un endroit désert.

Si tu éprouves un tel courroux et si tu l'exprimes de manière aussi saine, estime-toi chanceux. Tu pourras ainsi sauvegarder ta santé mentale. Beaucoup trop de personnes confrontées à un deuil refoulent leur colère. Celle-ci finit par se retourner contre elles, et les conduit à des crises de culpabilité, d'angoisse et de dépression.

### *Laisser s'envoler le dernier espoir*

Il est possible d'admettre la séparation tout en rêvant secrètement qu'elle n'est pas définitive. Ce dernier espoir ne se laisse pas déraciner aussi facilement. Il s'accroche à ton cœur, hante ton esprit. Il te fait rêver à une réconciliation éventuelle, se nourrit de tous les indices d'un rapprochement possible…

Ces efforts pour retrouver son amour sont trop souvent futiles et vains. De surcroît ils se révèlent pénible et retardent la guérison.

Certains te diront que l'on peut devenir l'ami de l'être que l'on a tant aimé. Ce n'est sans doute pas impossible, mais à condition d'avoir fait le deuil de ta relation, de t'être réconcilié avec toi-même et enfin de lui avoir pardonné. Maintenir des liens amicaux immédiatement après vous être séparés serait prématuré et t'empêcherait de quitter les vieilles ornières de tes rapports amoureux.

En revanche, investis dès maintenant tes énergies dans ton travail de guérison, découvre de nouveaux amis, ou les anciens, forme des vœux, fais des projets.

Parfois, tu auras une envie folle de le ou la recontacter. Accueille cette envie sans y céder. Rappelle-toi les efforts que tu as déployés jadis pour récupérer ce que tu croyais avoir définitivement perdu. Demande à un ou une ami(e) de t'aider dans ta décision de poursuivre ton deuil.

Quand te prendra le désir fou de ressusciter les joies du passé, rappelle-toi ces sages paroles : « *La vie ne se répète jamais.* »

### *Ne pas présumer de mes forces*

Tu as pris soin de ton corps et de ton âme. Ces mesures sont efficaces puisque tu te sens déjà mieux. Tu trouves ce nouveau bien-être très agréable. Alors, tu peux être tenté de te lancer dans des activités ou des rencontres qui, pour le moment, exigent trop de tes forces renaissantes.

Il est fréquent que l'on veuille vivre une nouvelle aventure alors qu'on est en train de faire le deuil de son histoire d'amour. Une telle inclination peut être motivée par plusieurs raisons : refaire son image sociale, surtout si on a été quitté, ou se prouver qu'on est encore aimable et désirable, ou mettre un peu de baume sur sa plaie, ou encore prouver à « l'autre » qu'on peut encore attirer les regards.

Es-tu actuellement dans cet état d'esprit ? Si oui, rappelle-toi que tu es convalescent. Tomber amoureux trop tôt après un décès ou un divorce crée des conflits et une surcharge émotionnels. Car tu t'engages dans une passion alors que tu n'as pas encore résolu ta dernière relation. Un de mes amis s'est trouvé dans cette situation. Deux mois après la mort de sa femme, il s'est épris d'une collègue de travail. Il me répétait : « *Jean, je vis trop de choses à la fois ; je suis au bord de la dépression.* »

Économise la vitalité que tu es en train de récupérer ; respecte une routine quotidienne ; suis avec patience et contemple la lente évolution de ta guérison.

Pour recouvrer ta santé mentale, les amitiés discrètes et simples sont la meilleure stimulation.

Tes amis te rappelleront qui tu es et t'aideront à redécouvrir les richesses de ta personnalité. Ils te feront prendre conscience que, malgré l'épreuve que tu surmontes, tu peux encore aimer et être aimé.

### *Pourrai-je aimer encore ?*

Il arrive qu'une rupture ne laisse plus aucune place à l'amour. En voici deux exemples. Après avoir subi un échec amoureux, une de mes clientes affirmait : « *Non je ne pourrai plus jamais aimer à l'avenir.* » À la suite d'un chagrin d'amour, une jeune fille exprimait un sentiment identique à celui de sa mère qui tentait de la consoler : « *Je ne veux plus entendre parler d'amour ; je suis convaincue que Dieu a créé l'amour uniquement pour torturer le cœur des humains.* »

Si tu as jugé utile de poursuivre jusqu'ici la lecture de ce livre, cela ne signifie-t-il pas que tu désires résoudre ton deuil, guérir et revivre ? Tu hésites peut-être encore à croire que pour toi l'amour est de nouveau possible. Ce n'est pas que tu aies perdu le goût d'aimer quelqu'un d'autre, loin s'en faut. Tu crains plutôt de souffrir parce que tu auras accepté de tomber amoureux.

Un jour, cependant, tu seras guéri. Tu retrouveras alors confiance en toi, avec l'assurance de pouvoir éprouver un pareil sentiment. Mais cette fois, tu sauras plus clairement qui tu désires aimer et de quelle manière tu l'aimeras.

### *Je fais plus le deuil de mes rêves que le deuil de toi*

*Plus je te laisse partir de ma vie,*
*Plus je t'arrache à moi comme une peau brûlée,*
*Plus je laisse s'évanouir ton souvenir,*
*Plus je prends conscience que c'est moins toi*
*que je quitte, que mes rêves.*
*Comme l'ingénieur qui rassemble ses plans,*
*Comme le décorateur qui démonte ses décors,*
*Il me faut peu à peu remiser mes rêves :*
*vivre avec toi pour la vie,*
*travailler aux mêmes projets*
*réussir notre vie de couple,*
*vieillir ensemble.*
*Oui, tu peux partir,*
*Mais que vais-je faire*
*de tous ces rêves,*
*Ils sont là, pellicules de film pêle-mêle,*
*Échappées de leur bobine.*

Nous l'avons vu : perdre quelqu'un, c'est aussi perdre les rêves dont on avait enveloppé l'être aimé. Pour l'instant, ils restent en suspens, comme s'ils étaient les plans d'un grand projet que tu es dans l'incapacité de réaliser. Conserve en toi ces désirs et ces espoirs, car tu as conscience de ce que tu as laissé derrière toi. Tu as admis l'évidence de la séparation. Les rêves prennent le pas sur l'être dont tu t'es séparé. Ce n'est plus seulement lui que tu regrettes, mais ce que tu aurais voulu que vous construisiez ensemble.

### *Pour ceux qui croient dans la prière*

Dans le travail de dépouillement affectif, la prière peut être réconfortante. Le Dieu d'amour, bien qu'il ne soit pas présent physiquement, est tout près de toi, il se tient à l'orée de ton âme.

Pour te faire entendre de Lui, ne cherche pas de longues formules ; prie ton état de détresse en Lui racontant simplement ce que tu vis, comme si tu te confiais à un ami. Ou bien aide-toi de courtes prières vocales. Par exemple, en lisant certains psaumes parce qu'il décrivent des états d'âme qui sont proches des tiens.

Si la prière que l'on adresse au disparu n'est qu'un prétexte pour ne pas le laisser partir de soi, permets-moi de te prévenir. J'ai rencontré ce phénomène de résistance au deuil chez certains qui s'exprimaient ainsi : « *Depuis sa mort, je le prie tous les jours de venir m'aider* », ou encore : « *Je la sais présente avec moi dans la prière.* »

Alors, faut-il prier les défunts ? Bien sûr que oui, mais à condition de les laisser quitter notre existence. À mon avis, cette période peut prendre neuf mois, le temps d'une grossesse. Entre-temps, on priera Dieu pour qu'il aide l'être cher disparu.

Certains lecteurs seront heurtés par une telle mise en garde. Quitte à me répéter, je reviens sur la nécessité d'entrer dans son deuil pour se détacher de la personne aimée. De cette manière, on pourra établir une nouvelle relation avec celui ou celle qui sera présent en nous de manière différente.

### *Prière au Dieu silencieux*

Voici la prière d'un homme confronté à plusieurs deuils simultanés :

*Parfois, Mon Dieu, je me fâche contre Toi.*
*Pourquoi cette souffrance ?*
*Pourquoi moi ?*
*Pourquoi à cette période de ma vie ?*
*Je te trouve bien silencieux.*
*À d'autres moments, je me calme.*
*Je voudrais alors savoir :*
*Que veux-tu me dire dans cette épreuve ?*
*Quelle vérité veux-tu m'enseigner ?*
*Je sais que Tu as quelque chose à me révéler.*
*Ton mutisme me rend impatient.*
*Ta réponse se fait attendre.*

Le sentiment d'être la victime d'une injustice s'ajoute à la peine. Dieu ne peut pas répondre à toutes les questions si elles n'ont pas d'abord trouvé leur place en toi. Dans le premier chapitre de cet ouvrage nous avons dit qu'il fallait cesser de tourmenter ton cœur. Alors, laisse vivre les questions en toi, il est inutile de t'entêter à y répondre pour l'instant. Les réponses viendront d'elles-mêmes.

### *Mon bateau à la dérive*

*Mon bateau avançait sur des eaux calmes.*
*Il coulait des jours heureux et sans histoire.*
*Tout à coup, une bourrasque imprévue*
*Le surprend, change son cours, menace de le faire chavirer.*

*Les voiles claquent furieusement.*
*Les haubans vibrent, la coque penche.*
*J'ai perdu le contrôle de mon navire.*

*Je ne suis plus maître à bord.*
*Mon bateau ne m'obéit plus.*
*Ivre sous la vague déchaînée, il roule,*
*Titube, dérive, bondit sans direction.*

*Désespéré, je m'accroche au gouvernail.*
*Puis l'angoisse cesse et le vent se laisse apprivoiser.*
*Celui-là même qui voulait me jeter à la mer,*
*Gonfle les voiles et me conduit au port.*

Le calme après la tempête ! Pour l'instant, tu te sens assailli par mille questions, des doutes qui te transportent d'un état à un autre sans que tu parviennes à trouver le bon cap. Si le marin parvient à résister à la tempête, tu peux aussi affronter cette surcharge de conflits intérieurs. Pour cela, fixe-toi l'objectif de guérir, de grandir. Donne-toi le temps de construire ton présent et ton futur.

## *Que faire de mes souvenirs ?*

Tu as conservé des souvenirs de l'absent. Grâce à ces traces du passé, son âme est en quelque sorte présente en toi.

Au début de ton deuil, ces objets te réconfortent. Ils entretiennent la mémoire, rappellent l'époque où il était là...

Au bout de quelque temps, tu t'aperçois que ces témoignages induisent une présence douloureuse de l'autre. Il est là sans être là.

Alors, si tu t'en sens le courage et si tu veux faire progresser la résolution de ton deuil, place les photos dans un album ou dans un tiroir ; débarrasse-toi de ce qui lui a appartenu. Donne-le, jette-le ou vends-le...

*Marché aux puces*

Je consentirais à laisser partir ces articles à bon prix :

*Les nouvelles et les pleines lunes,*
*La musique des moments intimes,*
*Les vendredis soirs et les dimanches,*
*Les paysages d'automne,*
*La couleur de ses cheveux,*
*Les pique-niques,*
*Les longues conversations,*
*Le bruit de ses pas,*
*La sonnerie de son coup de fil le soir.*
*Avis aux intéressés : j'ai beaucoup d'autres souvenirs encombrants à échanger.*

Il ne s'agit pas de trahir ton passé ou la personne dont tu es séparé, mais de te permettre d'aller jusqu'au bout de ton travail.

Si tu le souhaites, tu peux atténuer les effets douloureux et radicaux de cette séparation matérielle. Il te suffit de conserver une ou deux choses, par exemple un bibelot, un disque, un bijou, etc. Ces dérivatifs, appelés « objets de transition », se révéleront très utiles, notamment au moment du rituel marquant l'héritage de ton deuil.

*Je me permets de vivre ce que j'ai à vivre*

Pour un certain temps encore, tu peux te permettre de t'abandonner à ta « déprime ».

Tu n'as pas besoin, pour faire plaisir à ton entourage, de jouer à la personne forte et débordante d'enthousiasme.

Donne libre cours à ta tristesse. Pour te le permettre, il est sage de continuer à te protéger des événements qui pourraient prendre trop de place dans ta vie.

Ne réprime pas les pleurs quand ils veulent faire surface. Une émission de télévision, un événement, une rencontre... peuvent les déclencher. Profite de ces moments de grâce pour pleurer. Laisse-toi aller. Dans l'évolution de ton deuil, les larmes sont une source de purification et, par suite, de détente.

Tu feras ainsi l'expérience de ton monde émotif. En t'ouvrant peu à peu, tu constateras combien les émotions sont passagères, changeantes : elles apparaissent, se modifient et se transforment en d'autres émotions.

Qu'elles t'emportent dans leur danse. Vis-les, puis laisse-les s'évanouir. Le flot de la vie émotionnelle se renouvelle sans cesse.

### *Le ballet des sentiments*

*Je pourrais donner une couleur à chacun de mes tourments.*
*Noire, la dépression danse autour de moi.*
*Jaunâtre, l'impuissance se traîne à mes côtés.*
*Rouge, la colère, en grondant, retient ses élans.*
*Bleuâtre, la peine craint de troubler la ronde si elle éclatait.*
*Vert, l'amour, encore tout honteux, marche sur la pointe des pieds.*
*Devant un décor de grisaille, mes tourments viennent faire leur pas de danse et disparaissent.*

Chacune de ces émotions possède un sens et un rôle ; elle disparaît, revient, s'unit aux autres émotions pour te tourmenter. Note la fréquence et l'intensité de ces apparitions. À partir du moment où tu sauras que les tourments virevoltent autour de toi, cherche à en connaître la cause pour les empêcher de t'étourdir. La grisaille deviendra clarté, tu te sentiras mieux.

## Convalescence

*Je serai accueillant envers moi-même*

Il est parfois bon de revenir sur les grandes mesures que tu as prises, au risque de se répéter.

Accueille ce que tu es avec la gentillesse dont tu ferais preuve à l'égard d'un ami en difficulté.

Sois accueillant et hospitalier envers toi-même.

Accepte, pour un certain temps, de ne pas être aussi efficace qu'auparavant. Tu as reçu un coup sévère dont tu portes encore les traces…

Tel un blessé convalescent, économise ton énergie, évite les situations pénibles, reporte les décisions importantes, éloigne-toi des personnes trop « nocives », qui pourraient t'influencer et compromettre le bon déroulement de ta guérison.

Ne te tourmente pas, tout cela est temporaire ! Tu reviendras peu à peu dans le circuit normal de la vie, et tu seras plus vigoureux qu'auparavant.

Surtout, évite de te blâmer pour les fautes que tu aurais pu commettre. Le passé est révolu. Tu as accompli ce que tu croyais être juste et bon pour toi. Il est inutile de revenir là-dessus.

D'autant plus que les erreurs n'ont pas toujours que des effets négatifs. Parfois elles s'avèrent riches d'enseignements sur ce que l'on évitera à l'avenir. Elles peuvent devenir une précieuse source d'informations, des outils que tu utiliseras pour améliorer ton existence, pour progresser.

## *Je progresse*

*Chaque minute, je pensais à toi*
*Et j'en étais tout triste.*
*Actuellement ton souvenir me parvient toutes les heures.*
*Et j'en suis moins accablé.*
*Un jour, je ne penserai plus à toi*
*pendant toute une heure*
*pendant toute une journée*
*pendant toute une semaine.*
*Et j'aurai beaucoup plus de place pour vivre.*

Tu peux constater à quel point tes résolutions sont efficaces. Tu sens déjà que le souvenir de l'autre, ce fantôme qui te hantait, est moins prégnant et revient moins souvent. Cette trêve te permet de récupérer quelques forces, mais aussi un début de certitude. Oui ! tu es maintenant capable de l'oublier. Son souvenir sera là de manière moins violente, plus constructive. Il s'estompera, puis tu le regarderas avec indulgence et bienveillance. Tu seras libre de vivre ce que tu souhaites sans faire systématiquement référence à ton passé.

## *La souffrance m'a rendu plus vivant*

La souffrance n'est pas bonne en soi, je le répète. Mais constate combien ses effets sont bénéfiques : elle t'a secoué, t'a délogé de ta quiétude béate ou d'une forme d'« embourgeoisement »...

Jusqu'ici, la vie t'avait choyé. Tu en appréciais surtout les douceurs sans trop en connaître les amertumes. Une certaine apathie s'était emparée de toi. Soudain, tu es sorti de cette léthargie. Réveil amer et difficile. En perdant un être cher, tu as abandonné en partie ton entrain. Maintenant, les sourires et la gaieté te manquent. Et cela peut t'aider à retrouver le goût des petites joies de l'existence.

Prends conscience que tu es à nouveau sensible aux individus, aux événements, aux êtres vivants et aux choses que tu ne regardais plus.

Le vert des arbres.

Le sourire du collègue de travail.

La chaleur d'une poignée de main.

L'éclat du soleil.

La course des nuages dans le ciel.

La nostalgie qui accompagne la pluie.

La joie des chansons d'amour.

Etc.

Oui ! La souffrance avive les sens lorsqu'elle est bien vécue. Elle développe ta capacité d'accueil, te fait voir la réalité sous un jour nouveau et facilite la communion avec les autres.

### *J'ai la peau sensible*

*Blessé par l'absence,*
*J'ai eu peur de ne plus pouvoir aimer,*
*de ne plus pouvoir communier,*
*de ne plus pouvoir faire confiance.*
*Ma blessure est à peine refermée.*
*Faible est l'épaisseur de la peau sur ma plaie.*

*Je crains toujours qu'on ne m'écorche.*
*Je suis méfiant.*
*Tout en désirant être consolé,*
*Je ne veux pas qu'on m'approche de trop près.*
*Je veux qu'on me comprenne,*
*Mais je ne veux pas parler :*
*Je ne fais pas encore confiance.*
*Je souhaite intégrer,*
*Mais j'ai peur qu'on me rejette.*
*Amis, malgré mes contradictions, comprenez-moi.*

Peur, appréhension, besoin d'être compris… Tu revis, tes émotions ne sont plus guidées par la tristesse ou la nostalgie, mais par le besoin de concrétiser ton évolution, de montrer, sans ostentation, combien tu as changé. Tu es nouveau, tu aperçois la lumière. Le cercle de tes amis peut t'apporter l'affection que tu sais nécessaire. Fais-leur part de tes sensations, des changements qui se sont opérés en toi. Peut-être les ont-ils déjà remarqués et seront-ils heureux de t'en parler. Ne crains pas d'être rejeté.

### *La tristesse « commandée »*

Parfois, on se laisse guider par l'idée que l'on doit forcément s'effondrer si l'on veut prouver à quel point on aimait celui ou celle qui a disparu.

Le sommet de l'amour serait même atteint si on se laissait mourir de chagrin. Au contraire, continuer à vivre, et surtout à bien vivre, traduirait une certaine légèreté.

Que faut-il penser d'une telle idée ? Non seulement elle oblige à prolonger indéfiniment le deuil, mais encore elle est une fausse conception du deuil et surtout de l'amour.

Ceux qui en subissent le poids semblent en effet davantage préoccupés des attentes de leur entourage.

Il en va de même pour ceux qui s'apitoient sur eux-mêmes pour attirer l'attention ou la compassion. Il n'est pas besoin d'user d'un tel stratagème. On peut tout simplement manifester aux parents et amis son besoin de sympathie et d'appui.

Il y a une grandeur et une beauté dans la tristesse pourvu qu'elle soit vraie, authentique et passagère.

### *Rester fidèle à mon amour*

Demeurer fidèle à l'amour que tu as éprouvé pour l'être cher ne signifie pas que tu sois contraint de traîner indéfiniment ta peine ou de t'anéantir dans la tristesse.

Crois-tu que l'autre exigerait cela ? Sans doute que non. Si tu souhaites le vérifier, entre en contact avec lui, demande-lui ce qu'il attend de toi maintenant qu'il n'est plus là. Concentre-toi, détends-toi, laisse-le te parler. Écoute :

« ..........................................................
............
..............................................................
... ........
..............................................................
... ........
..............................................................
... ....... »

Au cours de ce dialogue, une voix intérieure se fera entendre. Espérons qu'elle t'aura donné des orientations précises pour te permettre de bien supporter ton deuil et pour continuer à vivre. Sois assuré que celui ou celle qui t'a quitté est encore présent. Il désire que tu lui survives heureux, ouvert à l'avenir, que tu fasses de nombreux projets.

Au lieu de t'enfoncer dans la tristesse, commence à t'imprégner de la conscience de tous les talents et de toutes les qualités de l'être aimé.

### *Guérir à mon rythme*

Les théories sur la durée et les étapes d'un deuil ne sont qu'un guide qui t'aide à mieux savoir à quel stade tu en es. Rappelle-toi cependant que ton deuil est unique. Personne ne l'a vécu et ne le vivra comme toi. C'est à ta manière et à ton rythme que tu sauras le résoudre.

Parfois, ton entourage sera tenté de t'imposer sa façon de l'aborder. Certains, incapables de supporter la souffrance, auront tendance à t'inciter à ne pas pleurer, à oublier, à accepter... D'autres t'inviteront à perpétuer le souvenir de l'absent, à partager ta peine, à guérir selon le cheminement précis des étapes du deuil. Ne cherche pas à réaliser les performances que t'auront dictées les autres. Fie-toi à ton guérisseur intérieur. Il sait comment renaître d'un deuil, comme il sait qu'au-delà de la mort se trouve la naissance à une vie nouvelle.

### *Je suis sur la bonne voie*

*Je rumine moins ma peine.*
*Je suis moins vulnérable.*
*Je commence à admirer la nature autour de moi.*
*Mes pensées s'éclaircissent.*
*Mon jugement est plus sûr,*
*Mes sentiments sont plus constants.*
*Ma concentration est revenue.*

*J'éprouve plus de satisfaction dans mon travail.*
*Je redécouvre des visages que je ne voyais plus.*
*J'ai de nouveau goût à la vie.*
*Je me laisse surprendre par de petites joies.*
*De moi émerge une vie que j'ignorais.*

Au fur et à mesure que tu avances dans la résolution de ton deuil, tu constates à quelques détails les progrès que tu as accomplis. Tu redécouvres un livre que tu avais oublié depuis longtemps, tu te surprends à rire devant un film que tu n'aurais jamais apprécié auparavant. Tous ces indices, même infimes, sont des révélateurs. Lorsque tu auras pris conscience de ces changements, alors tu diras : « Je suis sur la bonne voie. »

### *Faut-il être « enfanté » dans le deuil ?*

Pour mourir sans appréhension, sereinement, il faut se sentir aimé. Il en va de même pour faire son deuil. C'est ce que nous montre le film *Cris et chuchotements* d'Ingmar Bergman. Une femme à l'agonie ne peut pas s'abandonner à la mort avant d'avoir été entourée d'affection. Ses deux sœurs, paniquées devant une telle requête, se sentent incapables d'apporter à la moribonde le réconfort qu'elle demande. À la fin, la servante, une modeste paysanne peu instruite qui n'écoute que son instinct, la tient dans ses bras et lui donne le sein. La mourante, rassurée, se détend et se laisse aller vers l'au-delà.

Ceux qui vivent une grande perte ont besoin de se savoir soutenus et aimés pour s'abandonner à leur douleur et pour donner libre cours à leurs émotions.

À tous ceux qui ne se sont pas sentis rassurés au moment de quitter un être cher ou d'avoir été quittés, j'aimerais apporter un soutien afin qu'ils puissent entrer dans le deuil avec confiance.

## *Quelqu'un vous aime*

*À l'époux ou à l'épouse qui perd son conjoint sans avoir pu échanger un dernier message d'amour,*

*À l'homme et à la femme qui se sont séparés sur des paroles dures et cruelles,*
*Aux parents qui ont perdu un enfant,*
*À celui ou à celle qui est contraint d'abandonner son travail,*
*À la femme qui voit s'évanouir ses rêves de maternité,*
*À l'adulte qui est triste parce qu'il n'a pas « réussi sa vie »,*
*À ceux que la vie force à changer de carrière ou de statut,*
*À l'enfant qui erre d'un foyer à l'autre,*
*À ceux qui ont perdu un être cher sans avoir pu lui dire adieu,*
*À l'amoureux ou à l'amoureuse trompé et délaissé,*
*Au jeune adulte qui quitte le foyer en claquant la porte,*
*À la mère célibataire qui se sépare de son enfant,*
*Au vieillard qui sent ses forces diminuer,*
*À tous ceux qui vivent des deuils,*
*Je déclare : « Tu es grand ; important ; ton amour blessé se changera en joie. »*
*Je t'aime et je t'embrasse.*

Jean
(Tous les jours, je pense à mes lecteurs
et les entoure de mon amitié.)

*Sixième partie*

# J'ai grandi

## Renaissance

*Grandir*

*M'attacher à toi*
*m'a révélé mon égoïsme et ma générosité,*
*m'a permis de développer ma tendresse et ma froideur,*
*m'a fait prendre conscience de ma sexualité et de ma*
*spiritualité,*
*m'a fait connaître l'enfant et l'adulte qui sont en moi.*

*Me détacher de toi*
*m'a fait explorer ma tristesse et ma joie,*
*m'a fait connaître la détresse et la force qu'il m'a fallu*
*pour m'en sortir,*
*m'a fait découvrir ma dépendance et mon autonomie,*
*m'a dévoilé ma peur de mourir et mes ressources vitales.*
*« Non, rien de rien, non je ne regrette rien ! »*

Grandir, c'est s'apercevoir que l'on dissimulait au fond de soi des sentiments, des idées, des croyances, des courages et des peurs que l'existence n'avait pas permis de dévoiler jusqu'ici. Grandir, c'est aussi avoir admis, avoir pardonné à l'autre et à soi-même, avoir vaincu la morosité et l'impuissance. Tu sens, peut-être même physiquement, les effets de cette victoire sur ce que tu croyais être l'adversité. Finalement, tu es satisfait de ce nouvel état. Dans cette dernière ligne droite, tu dois rester encore en alerte pour quelque temps.

### *Parce que j'ai aimé, je ne suis plus le même*

Parce que tu as aimé et que tu as souffert, tu n'es plus le même. Fais le bilan de ce que t'ont apporté ces deux expériences.

L'amour et la souffrance t'ont enseigné que tu pouvais porter un regard nouveau sur le monde.

Tu es plus sensible à la souffrance des autres, et tu en as moins peur.

Tu peux t'engager davantage dans tes rapports, parce que tu as une meilleure connaissance de ta vulnérabilité.

Tu as appris à t'investir dans l'amour sans t'y perdre.

Tu jouis d'une nouvelle estime de toi-même.

Tu sens que tu seras bientôt prêt à aimer à nouveau.

### *La trahison peut-elle nous faire grandir ?*

Si la personne que tu aimais n'a pas répondu à tes attentes, si elle n'a pas respecté les règles du jeu, qu'elle t'a abandonné, tu te sens trahi. Quelque chose en toi s'est brisé, tu ne peux plus avoir confiance en personne.

Ce sentiment est fréquent chez ceux qui s'aiment, et particulièrement chez les époux ou les membres d'une même famille. Les réflexions vont bon train :

- Voici comment il me traite, après tout ce que j'ai fait pour lui.
- Tu as tellement changé que je ne te reconnais plus.

– Mes parents ne me comprennent pas…
– Les enfants sont ingrats…

Nos états affectifs, passions ou liens de parenté nous placent en équilibre entre deux besoins. D'une part, celui d'être le plus proche possible de l'être aimé et de dépendre de lui. D'autre part, celui de s'éloigner de cette même personne pour sauvegarder une autonomie croissante. C'est pourquoi une séparation mal préparée et mal exécutée entraîne une forme de trahison.

Dans ton cas, es-tu capable de concevoir que cette trahison puisse te faire évoluer ? Tu ressembles à cet oisillon qui n'est pas très sûr de la force de ses ailes et que sa mère pousse hors du nid chaud et rassurant. Il faut bien alors qu'il s'envole, pour éviter de s'écraser. Ce nid est le symbole de la relation confortable dans laquelle tu étais installé et que tu as dû quitter. Sauras-tu profiter pleinement de l'expérience, pour amorcer de nouveaux départs, relever d'autres défis, pour partir à la découverte de richesses que tu n'avais encore jamais exploitées ?

### *Riche d'un trésor inconnu*

*Honteux, je traînais le sac de mes amours perdues.*
*Mendiant malheureux, je recherchais les consolations et les appuis.*
*Les gens me fuyaient, craignant de reconnaître en moi leur pauvreté.*
*Sur mon chemin, une bonne sorcière m'invita à regarder dans mon baluchon.*
*J'avais beau le tourner et le retourner.*
*Je n'y découvrais rien.*
*Elle m'encouragea à l'examiner de plus près.*
*À ma grande surprise, j'y découvris un immense désir d'Absolu.*

*Je compris alors qu'au-delà des « petites faims »,*
*Il existe une « grande faim » que seul le Bonheur peut satisfaire.*
*Depuis lors, mendiant heureux, je porte plus légèrement un sac lourd de rêves.*

Même lorsque la situation paraît intenable, que les sentiments négatifs sont les plus forts, il existe en soi une zone de clarté, de calme. Il suffit de se pencher et de regarder son paysage intérieur avec objectivité et lucidité. Si tu es attentif, tu t'apercevras que tes amours déçues se sont transformées en rêves, en nouveaux espoirs pour demain. L'être que tu deviens a besoin d'une nouvelle source pour s'abreuver, une source exempte des souillures du passé, une source d'Absolu. Si tu es neuf, tes rêves le sont aussi. Ils ne demandent qu'à être réalisés.

### *Établir une stratégie pour supporter les jours de fête*

Durant le deuil, il est fréquent que les jours de fête soient pénibles à supporter. En effet, ils rappellent trop l'absent et les joies anciennes qui ont disparu à tout jamais. Même ceux qui ont progressé de manière significative ressentent une pointe de tristesse passagère, en particulier à l'occasion des anniversaires.

Or, il ne faut pas refuser cette peine ni la refouler ; ce serait pire. Je connais un ami psychologue qui accompagne beaucoup de familles confrontées à la perte d'un proche. Pour leur permettre de faire face aux célébrations de toutes sortes, il leur demande de prévoir la façon dont elles les vivront. Pour cela, il leur recommande d'exécuter une session de deuil de la façon suivante : avant les jours des fêtes familiales, il leur conseille d'ouvrir les albums de photos, d'évoquer le souvenir du disparu, d'échanger leurs sentiments et leurs impressions, de se laisser aller à pleurer s'ils en ressentent le besoin et de se consoler mutuellement. Une fois que cette session est terminée, il leur « donne la permission » d'ignorer leur douleur et de faire bombance sans se sentir pour autant coupables.

### *De l'isolement à la solitude*

Après avoir été blessé, que choisiras-tu ? L'isolement ou la solitude ?

As-tu tendance à t'isoler et à te replier sur toi, ou préfères-tu te retirer dans le silence pour mieux te retrouver ?

Sais-tu faire la différence entre l'isolement stérile et la solitude féconde ?

Voici quelques critères de comparaison qui t'aideront à discerner l'un de l'autre et à savoir dans lequel de ces états tu te situes :

| **L'isolement, c'est…** | **La solitude, c'est…** |
|---|---|
| La peur des autres, l'ennui éprouvé parce qu'on est seul avec soi-même. | Le retrait sur soi, pour être plus présent avec soi-même. |
| Une protection contre toute intrusion de l'extérieur. | Le besoin de se recueillir pour se faire de la place. |
| Le désarroi et la confusion de son monde intérieur. | Rechercher la paix entre ses différents « moi ». |
| Les ruminations et le verbiage intérieurs. | Le silence intérieur fait de Présence. |
| L'angoisse devant sa fragilité et la peur d'être de nouveau rejeté. | Accepter sa vulnérabilité et reconnaître que l'on peut dépendre des autres. |
| Se fermer aux autres par crainte d'être agressé. | L'intimité avec soi-même qui permet de s'ouvrir aux autres. |
| Des moments d'agitation intérieure. | L'harmonie des diverses parties de soi. |

*Du désert à l'oasis intérieure*

Dès l'enfance, nous avons appris qu'être seul était le « pire de tous les maux ». Combien de fois n'a-t-on pas craint de ne pas être choisi par un groupe, d'être abandonné ou écarté ? À la seule pensée de se retrouver sans la moindre compagnie, certains s'effondrent ou régressent, tandis que d'autres s'enferment dans une indépendance frileuse pour éviter de subir le moindre rejet. Encore une fois, et comme nous venons de le voir, il ne faut pas confondre solitude et isolement ou abandon.

Pour explorer les richesses de ton intériorité, il te faudra surmonter cette peur et apprendre à rester seul.

Dans les moments de retrait que tu auras choisis, prends le temps de rester avec toi-même en dominant l'envie de te « divertir » (télévision, musique, foules, boissons, nourriture, etc.), pour échapper à cette recherche.

Expérimente ton monde intérieur : ses sensations, ses paroles, ses images.

Va encore plus profond en toi, à la source de ton être. Tu y trouveras la paix, le silence, la présence.

Au départ de cette véritable quête, il se peut que tu souffres beaucoup et que tu sois désemparé. Mais si tu persévères, tu trouveras la lumière et la chaleur dont tu attendais les bienfaits.

Ta solitude sera ton amie et tu affirmeras comme le poète : « Non, je ne suis jamais seul avec ma solitude. »

*Un sourire intérieur*

*En moi, un grand sourire*
*s'amorce,*

*gagne de l'espace,*
*s'anime en silence,*
*irradie tout mon être,*
*éclaire ma vie,*
*parce que j'ai aimé*
*et parce que j'ai le goût d'aimer encore.*

Il n'y a pas si longtemps, tu pensais que tu ne pourrais plus faire confiance à quiconque, que tu ne pourrais plus aimer. Celui que tu es devenu accepte de changer, de débuter de nouvelles aventures, parce que tu as retrouvé le sourire, le goût de vivre. Cette sensation, aussi bien physique qu'affective, est le signe de ta victoire ! Tu as effacé le goût amer de ta relation passée, tu as transformé cette partie de ta vie en un formidable tremplin vers le futur.

### *Il n'y a pas d'échec dans la vie*

La vie n'est pas une partie d'échecs, comme certains le prétendent ! Tu ne seras jamais « échec et mat ». Quelle que soit la perte que tu affrontes, tu pourras toujours rebondir.

Le vrai perdant est celui qui s'immobilise, croule sous le poids et la dureté du coup qu'il vient de recevoir, et continue alors de perdre.

En revanche, le « gagnant » décide de bénéficier pleinement de son « accident de parcours », d'en retirer les enseignements. Même s'il est affligé par un deuil, il songe quand même à faire l'inventaire des avantages qu'il peut en tirer.

Tu es ce gagnant, alors regarde ce que tu as conquis :

Une meilleure connaissance de toi-même.
Une plus grande compréhension de la souffrance des autres.
Une plus grande liberté.

Une meilleure acceptation de ta vulnérabilité.
La prise de conscience que tu n'as pas été « parfait ».
La compassion pour les erreurs des autres.
La découverte des forces dont tu disposes pour guérir.
L'apprentissage de l'art de savoir « quitter ».

Si tu parviens à profiter ainsi de ton épreuve, tu ressembleras à ce savant qui transforme une erreur en une grande découverte, au peintre qui convertit une tache en chef-d'œuvre, au musicien qui compose le thème d'une symphonie à partir d'un « faux » accord.

La vie ne ressuscite-t-elle pas toujours d'une mort apparente ? Souviens-toi que la fleur renaît d'une simple graine, qui doit d'abord mourir.

### *Le moment est propice au changement*

Maintenant que tu te sens mieux, que le passé s'estompe, que l'avenir s'ouvre à toi,

prends conscience de ta nouvelle liberté : tu n'es plus entravé par les liens de ta situation antérieure. Pour que tu parviennes à mener l'existence qui te sera la plus profitable, il te reste à peaufiner quelques détails.

Rappelle-toi certains rêves que tu avais oubliés. Demande-toi s'ils sont réalisables maintenant. Retrouve ton intérêt pour les projets que tu as toujours caressés sans pouvoir les adapter aux besoins du moment.

Entreprends des études.

Fais-toi de nouveaux amis.

Décore ton appartement.

Planifie un voyage.

Joins-toi à un groupe qui partage tes centres d'intérêts.

Adopte un nouveau style vestimentaire.

Etc.

Tu sauras qu'un projet te convient s'il t'apure et t'exalte à la fois.

## Échange des pardons

*J'ai reconnu en l'autre ma propre tristesse*

*Mon cœur baignait dans l'amertume,*
*Plaie ouverte et pleine d'écume,*
*Source empoisonnée,*
*J'étais rempli d'agressivité.*

*Pardonner ou tenter de me réconcilier*
*Me donne l'impression de me trahir.*
*Seul l'acte de la vengeance*
*Me sauverait de l'humiliation.*

*Revoir la personne qui m'a blessé ?*
*Impossible, je l'éviterai.*
*Mais quand j'ai eu le courage de la voir,*
*Son regard m'a bouleversé.*

*Dans ses yeux, j'ai reconnu ma tristesse,*
*Ma dépression et mon reste de tendresse.*
*Depuis, ce regard me hante,*
*Il me révèle trop mes propres sentiments.*

*Mon cœur se laisse émouvoir.*
*La haine lâche prise.*
*Sa dureté s'atténue.*
*La compassion m'aurait-elle envahie ?*

Revoir celui ou celle dont on est séparé n'est pas facile. On refuse, puis on accepte cette rencontre, non sans une certaine appréhension. Auparavant, ne s'est-on pas posé la question de la vengeance, du pardon, de la justice ? Cette entrevue est l'occasion de vérifier si ton deuil est en passe de s'achever. Elle t'aide à considérer cet être tel qu'il est, en humain. Le ressentiment que tu avais à son égard laisse place à la compassion. Tu as gagné !

### *Je suis fier de moi*

*Quand ma plaie était encore vive,*
*Je voulais à mon tour te faire mal*
*Comme un enfant humilié qui se venge sur un plus jeune.*
*J'aurais voulu que ton remords soit aussi intense que ma souffrance.*
*J'aurais aimé te traîner jusqu'au banc des accusés,*
*Révéler au monde entier ta « trahison ».*

*J'ai évité le chemin de la vengeance.*
*Je suis fier de moi.*
*J'ai vécu ma colère sans chercher à te punir.*
*J'ai compris l'inutilité de me venger.*

*Je suis fier de moi.*
*Je suis resté avec ma blessure,*
*Je l'ai soignée et je l'ai guérie.*
*Je n'ai pas consenti à abîmer ce que j'avais tant aimé.*

Il est normal de ressentir une certaine fierté après avoir traversé de telles épreuves. Compare ce que tu aurais éprouvé si tu avais essayé de te venger. Si tu n'as pas tenté de le faire, c'est peut-être parce que tu avais réussi à pardonner. Il est bon que tu refasses ce trajet.

## *Pardonner*

Le pardon, c'est un geste de roi ou de reine.

Dès que tu t'en sentiras capable, pardonne à l'autre.

Pardonner, ce n'est pas oublier l'offense ou l'abandon,
ce n'est pas excuser l'autre,
ce n'est pas nier ses émotions et ses sentiments,
ce n'est pas se faire violence (ou le trahir)
ce n'est pas nécessairement se réconcilier avec l'autre.

Pardonner, c'est d'abord se libérer du désir de vengeance et du ressentiment,
c'est reconnaître à l'offenseur la capacité de grandir,
c'est admettre la joie des pardons que l'on a reçus d'autrui,
c'est soulager l'autre de sa dette et lui vouloir du bien.

Si tu pardonnes, tu te transformeras alors en roi ou en reine.

## *Me pardonner*

*Je voudrais me pardonner*
*d'être fragile,*
*d'être imprudent en amour,*
*de penser que je me suis trompé,*
*d'être trop vulnérable,*
*de ne pas assez prévoir,*
*de faire des rêves impossibles,*
*de me retrouver seul et frustré,*
*de vouloir aimer encore.*
*En un mot, je voudrais me pardonner d'être simplement humain.*

## *Lui pardonner*

*Pardonne-lui*
*d'être parti,*
*d'être parti trop tôt,*
*d'être parti à l'improviste,*
*d'être parti sans avoir dit adieu,*
*d'être parti sans avoir déclaré son amour,*
*d'être parti sans avoir accompli ses promesses,*
*d'être parti avec une partie de ta vie,*
*d'être parti avec tes rêves d'avenir.*

Le pardon est avant tout le renoncement à toute vengeance. Il n'est pas facile, loin de là. Mais les fruits que tu en tires sont innombrables et nourrissent ton être profond. Finalement, tu éprouves un bien-être, tu es calme, décontracté...

Te rappelles-tu la longue liste des reproches que tu t'adressais, et ceux que tu réservais à celui ou à celle qui t'échappait ? Se reprocher d'être trop humain prouve simplement que l'on fait face à une part de soi-même qui n'avait jamais émergé. Se pardonner et pardonner à l'autre permettent de l'explorer et de lui donner vie.

## *Me faire confiance pour mieux faire confiance*

Le départ de l'être aimé avait ébranlé ta confiance, celle que tu avais en toi et celle que tu plaçais dans les autres.

Il est possible qu'au cours de la rupture, que tu as peut-être vécue comme un abandon ou même comme un rejet, tu te sois imaginé devoir « prouver » que tu pouvais encore aimer et être aimé.

Maintenant, tu sais que tu n'as aucun besoin de ce genre de preuve. Peu à peu, tu découvres toute ta valeur. Cette prise de conscience t'aidera à accueillir les autres et à retrouver ta place dans l'univers social.

Sors de chez toi, frotte-toi au monde.

Redécouvre tes voisins, tes compagnons de travail.

Joins-toi à un groupe, à une communauté sympathique.

Invite des amis à prendre le café.

Échange des services.

Écoute les autres ; nous aimons tellement parler de nous-mêmes.

### *J'apprends à mieux supporter les pertes inévitables de l'existence*

Nombreux sont ceux qui n'ont jamais appris à faire leur deuil. Écrasés alors par toutes les pertes qu'ils n'ont jamais résolues – ils n'ont pas encore quitté leurs parents, leur peluche, les compagnons de leur enfance... –, ils les accumulent comme on entasse des fleurs fanées dans un compost trop plein.

Toi, tu fais l'apprentissage d'un art nouveau, celui de savoir faire ton deuil des anciennes amours. En vivant en profondeur celui que tu traverses actuellement, tu apprends à te débarrasser de ce qui mort en toi pour faire de la place à ce qui est vivant.

Si tu connais de nouveau une perte de cette envergure, tu sauras à quoi t'attendre, parce que tu auras reçu cette initiation. Tu sera sans doute encore surpris par l'impact du choc, de la souffrance, du bouleversement émotionnel, mais tu sauras ce qui t'arrive et comment en guérir.

Tu as réussi cette fois-ci, tu réussiras encore.

À partir de toutes ces « petites morts » que représentent les détachements inévitables de l'existence, tu te prépares à accepter la Mort, avec une majuscule. Tu sais que la source principale de l'anxiété qui gâte les plaisirs de la vie, c'est avant tout la perspective d'avoir à mourir un jour. Par tes deuils, tu apprivoises peu à peu cette appréhension pour jouir plus sereinement de l'existence.

## Héritage et fin du deuil

### *Je récolte ce que j'ai semé dans la relation*

La souffrance s'atténue. Pendant de longs moments, tu vaques à tes affaires sans même penser à celui ou à celle que tu as perdu. Cependant, tu as l'impression qu'un grand vide s'est creusé en toi.

Tu te demandes peut-être de quelle manière tu pourrais le combler ? Le temps est venu de le remplir de tout ce que tu as appris et reçu au cours de la relation qui vient de se terminer. Car, si tu as vécu intensément avec quelqu'un, il t'a nécessairement appris quelque chose.

Fais le bilan des qualités qui, chez lui, t'ont attiré. Ces qualités que tu cherchais plus ou moins consciemment, tu les possédais à l'état de désir, sans pouvoir les exprimer ou les développer. Maintenant qu'il est parti, elles t'appartiennent.

Une certaine douceur.

Une façon de s'affirmer.

L'amour de la musique, d'un livre.

Une autre manière de prendre soin de soi.

Une autre conception de l'existence.

Un sport, une certaine habileté, un nouveau centre d'intérêt ?...

Au cours de votre vie commune, tu as fait un certain nombre d'apprentissages inconscients dont tu peux maintenant récolter les fruits.

À mesure que tu entreras en possession de ton héritage, le vide laissé par l'absence va disparaître. Rappelle-toi que ce que tu as admiré, recherché et aimé dans votre histoire, t'appartient dorénavant. Tu en es l'héritier.

### *Françoise fait le rituel de son héritage*

Voici le cas de Françoise. Il te permettra de suivre la résolution d'un deuil, depuis ses prémices jusqu'au rituel de l'héritage et ses conséquences.

Françoise est une jeune célibataire. Elle demande à me rencontrer en thérapie, car elle vit un amour impossible. Elle est follement éprise de son patron, Claude, qui est marié et père de trois enfants. Il répond pourtant à cet amour et parle de divorcer. Françoise ne sait plus quoi faire : elle est déchirée entre un sentiment très fort et sa culpabilité de briser un foyer.

Elle vit mal sa situation et se trouve si près de la dépression qu'elle demande un congé. Après bien des hésitations, elle décide de mettre fin à sa relation avec Claude, qui accepte lui aussi cette séparation.

La rupture est très douloureuse. Durant neuf mois, Françoise passe par toutes les vicissitudes du deuil. Claude insiste pour la revoir, mais elle maintient sa décision et se lance dans la guérison de sa grande blessure. Je l'accompagne dans ce travail et je suis le témoin de son évolution.

Je lui conseille alors de franchir l'étape de l'échange des pardons, dans laquelle elle pardonnera à Claude et à elle-même. Puis je lui propose d'entrer en possession de son héritage, invitation qu'elle accepte avec joie.

Je lui demande de me décrire ce qui chez lui l'a le plus attirée. Elle le peint comme un être sympathique, intelligent, généreux et très drôle. Je l'invite alors, au cours des deux prochaines semaines, à traduire ces qualités à l'aide d'objets-symboles. Elle les apportera pour un rituel qui se déroulera en présence de quelques amis intimes.

Le jour est arrivé. J'explique le sens de cette cérémonie afin que les participants se joignent à la démarche de Françoise. Je demande alors à celle-ci de nous présenter son amour à l'aide des objets-symboles qu'elle a choisis. Une fois cette présentation faite, je l'invite à s'avancer vers la table où sont placés les symboles, puis à choisir l'un d'eux en disant : « Claude, la sympathie dont je t'ai entouré pendant deux ans, et que tu as enrichie de la tienne, maintenant que nous nous sommes séparés, j'en reprends possession. » Elle effectue la même démarche pour les autres objets-symboles, chacun représentant tour à tour l'intelligence, la générosité et le sens de l'humour.

Elle possède ainsi chaque objet. Entre chaque prise de possession, nous faisons le silence pour lui permettre d'intégrer en elle chacune des qualités reçues en héritage. À chaque fois qu'elle en récupère une, je l'encourage alors à faire de la place en elle pour l'accueillir. À la détente de son corps et au léger changement de couleur de son visage, je constate le changement subtil qui s'opère en elle. Et la même magie se reproduit à chaque fois. À la fin du rituel, nous prononçons des paroles d'action de grâces, et je déclare solennellement que le deuil est fini. Françoise est radieuse et se sent remplie d'une énergie nouvelle.

Quelques semaines plus tard, Claude ne tient pas sa promesse de ne plus la revoir. Il s'arrange pour la rencontrer et lui dire combien il l'aime. Il souhaiterait tant reprendre leur relation. Bien que déstabilisée par l'ardeur de Claude, Françoise lui répond : « Moi aussi, je t'aime, et je t'aimerai toujours, mais il y a quelque chose de changé en moi ; mon amour n'est plus le même. » Sur ces mots, elle lui applique un tendre baiser sur la joue et le quitte.

### *Comment se déroule le rituel de l'héritage ?*

Entrer en possession de son héritage est une étape du deuil. Avec l'expérience, j'ai constaté que bâtir un rituel facilite cet héritage psychologique et spirituel. Voici les conditions nécessaires à l'opportunité de ce rituel et son déroulement.

#### Les conditions qu'il faut réunir pour réclamer son héritage

D'abord, il est important d'avoir laissé la personne partir de ta vie et de lui avoir pardonné ce départ ainsi que les torts qu'elle peut avoir envers toi. Sinon, l'accomplissement du rituel, prématuré, ne produira pas les fruits escomptés.

Certains souhaitent savoir s'ils peuvent accomplir seuls ce rituel. Nous en doutons, car sa mise en place demande la présence de l'animateur, donc d'au moins une autre personne. Par ailleurs, plus il y aura de témoins authentiques, plus le futur héritier se sentira engagé et sera sensible à la puissance de l'événement.

Pour que le rituel produise tout son effet, cet héritier doit engager totalement son corps et son âme aussi bien que son conscient et son inconscient. C'est pourquoi il est important que le décor soit composé d'éléments sollicitant les sens (musique pour l'ouïe, fleurs pour l'odorat, chandelles pour la vue...).

### Déroulement du rituel

1. Quelques semaines avant le rituel, il est demandé au futur héritier d'identifier les qualités de celui ou celle qu'il a aimé(e), et qu'il symbolisera par des objets-symboles. Mais, par exemple, il est préférable d'éviter les photos, qui rappelleraient trop l'absent.

2. On détermine la date et le lieu du rituel. Il est prévu d'inviter des participants, surtout des proches, qui connaîtront la situation du futur héritier et qui sympathiseront avec lui.

3. Le jour de la cérémonie est arrivé. Le sens du rituel étant expliqué, l'animateur demande au futur héritier de déposer les objets-symboles sur une table prévue à cet effet, et d'exprimer ce qu'ils représentent pour lui.

4. Ensuite, le meneur demande à l'héritier, qui est venu s'asseoir près de lui, de se lever et de reprendre officiellement possession d'une qualité en prononçant les paroles suivantes : « La générosité (un exemple de la qualité recherchée) que je t'ai prêtée pendant... (la durée de la relation), et que tu as enrichie par ta propre générosité, maintenant que tu es parti, je la reprends à mon compte. »

5. Puis l'héritier vient reprendre place sur sa chaise. L'animateur l'invite à laisser la qualité pénétrer en lui : « Laisse la générosité s'intégrer à ta personne ; ressens en toi les effets de cette générosité, entends-les en toi, et vois-toi habité par elle. » Cette période d'incubation peut durer de dix à vingt minutes.

6. La même démarche est répétée pour chacun des autres symboles.

7. Une fois que la prise de possession est terminée, les participants se placent autour des symboles. Selon les groupes, certains expriment leur sentiment par un chant d'action de grâces – c'était le cas pour Françoise – ; d'autres transmettent à l'héritier leurs impressions et le félicitent.

8. À la fin de ce rituel, l'animateur déclare officiellement que le deuil est terminé.

### *Je serai habité d'une présence nouvelle*

On peut rechercher longtemps la présence de la personne disparue à l'extérieur de soi-même (photo, livre, lettre...). Cela veut dire qu'on ne l'a pas encore quittée. Si l'on devient triste uniquement en pensant à elle, cela signifie qu'on n'est pas encore guéri.

Cette tristesse n'existe pas chez ceux qui sont entrés en possession de leur héritage. Chez eux, le poids de la peine et de l'affliction fait place à une totale légèreté. Ils en parlent comme d'un accouchement ou encore comme d'une libération. Lorsqu'ils se souviennent, ils ne ressentent pas un manque mais un plein d'amour. Ils ne perçoivent plus l'être aimé comme s'il était à l'extérieur d'eux-mêmes, mais il les habite comme une douce présence.

Si tu poursuis ton deuil jusqu'à la prise de possession de l'héritage, tu seras investi par cette nouvelle présence, que tu reconnaîtras à la joie, à la paix et à la liberté qu'elle suscitera en toi.

### *Paroles d'une jeune épouse adressées à son mari décédé*

*Et voilà, tu es parti !*
*Tu m'avais promis, en paroles et sans paroles,*
*que tu m'aimerais toujours,*

*que tu serais mon éternel compagnon,*
*que tu me protégerais,*
*que tu partagerais ma joie et ma peine,*
*Et voilà, tu es parti !*
*J'ai apprécié nos longs moments de partage.*
*Mais à l'avenir,*
*combien d'échanges irréalisables,*
*combien de sentiments que nous n'avons pas exprimés,*
*combien de projets impossibles.*

*Et voilà, tu es parti !*
*Lentement, je dois*
*te laisser aller,*
*te pardonner de m'avoir quittée,*
*changer le sentier de nos amours,*
*me faire pardonner de toi,*
*te survivre.*

*Et voilà, tu es parti !*
*Un jour, je cesserai de mourir avec toi,*
*Ton souvenir deviendra aussi léger qu'un sourire,*
*Une nouvelle présence de toi m'habitera,*
*Tout ce que j'ai aimé en toi germera en moi,*
*Et je renaîtrai alors de toi.*

### *Une maman comblée par la présence de son enfant décédé*

Au cours d'une session de groupe, une femme a réussi à faire un adieu définitif à son bébé mort depuis quatre ans.

Une semaine plus tard, elle me raconta qu'une nuit elle avait eu une étrange impression. Elle s'était réveillée et, au lieu d'éprouver ses angoisses habituelles, elle s'était sentie différente.

« J'avais le cœur pénétré d'aiguilles, mais qui ne me faisaient plus mal. Au début, je ne comprenais pas ce qui se passait, puis j'ai compris... Je me pardonnais d'avoir perdu mon enfant. Je me suis mise à prier. J'étais envahie par la présence de Dieu, comme lors de ma première communion.

Quelque chose de grand se passait en moi. Je me suis sentie belle et comblée, comme si je venais de donner la vie. »

*Jamais, je n'aurais pensé te dire merci*

*Parce que je t'ai aimée, je ne suis plus le même.*
*Finie la colère vécue à la suite de la séparation.*
*Finie la honte d'avoir été trompé,*
*Finie la tristesse.*
*Je me sens prêt à te remercier*
*pour l'affection,*
*pour toutes les attentions,*
*pour le soutien moral,*
*pour les échanges intimes,*
*pour les espoirs échangés,*
*pour les projets,*
*pour la stimulation intellectuelle,*
*pour tout ce que j'oublie,*
*pour tous les cadeaux reçus sans que j'en sois conscient...*
*Merci de m'avoir permis de retrouver en toi ma « femme intérieure ».*
*Merci de m'avoir permis de connaître davantage mon « anima ».*
*Merci de la séparation qui m'a permis de L'accueillir en moi.*

*Félicitations*

*Tu as réussi à survivre à ton deuil.*
*Tu as persévéré jusqu'à sa résolution, tu mérites des félicitations*
*pour t'être remis en question,*
*pour avoir accepté de faire un retour sur toi-même,*
*pour avoir révisé ta manière d'aimer,*
*pour avoir découvert ta force intérieure,*
*pour avoir fait de ta souffrance une source de maturité,*
*pour mieux compatir à la souffrance des autres,*
*pour avoir exploré de nouveaux horizons,*
*pour avoir redécouvert tes vrais amis,*
*pour avoir acquis une nouvelle sensibilité,*
*pour être prêt à faire face aux futures pertes,*
*pour vouloir aimer encore,*
*pour avoir accepté d'être initié à une nouvelle sagesse,*
*pour savoir que « l'amour est plus fort que la mort ».*
*Félicitations !*

### *Dernière question : la réconciliation est-elle possible ?*

Parvenir à se réconcilier avec la personne que tu as quittée ou qui t'a quitté, serait le signe de la résolution complète d'un deuil.

Je connais des couples qui, après avoir fait le deuil de leur séparation, ont réussi à créer une autre forme de relation.

André et Yvette n'ont pas renoncé à leur rôle de parents. Aussi aiment-ils se rencontrer pour parler de l'éducation de leurs enfants.

À l'occasion, Paul et Jeannette passent une soirée ensemble pour évoquer leurs centres d'intérêts communs.

Jacques consulte encore son ancienne épouse Louise, qui l'aide volontiers à établir son budget.

À mon avis, si une réconciliation ne consiste pas « revenir comme avant », elle demeure toujours possible, mais à certaines conditions :

1. Avoir fait son deuil complet de la relation, sinon la tentation de retomber dans les vieilles habitudes est toujours vivace.

2. Les deux anciens « amants » doivent avoir profité de leur séparation pour grandir et être certains de leur autonomie.

3. Ils doivent être assez forts pour bâtir une nouvelle relation fondée sur l'admiration mutuelle et l'amitié.

Trop peu de couples atteignent cette situation idéale. La plupart des couples séparés ou divorcés continuent à s'en vouloir durant de nombreuses années. Faudrait-il inventer des groupes pour leur apprendre à se réconcilier et devenir amis ?

# Table des matières

*Cet ouvrage*
*a été reproduit*
*et achevé d'imprimer*
*sur Roto-Page*
*en mars 1996*
*par l'Imprimerie Floch*
*53100 — Mayenne.*

*Dépôt légal : juin 1995.*
*N° d'imprimeur : 39272.*
*N° d'éditeur : 2426.*

*Imprimé en France*